D1748246

Lo Graf von Blickensdorf

WERDEN SIE DOCH
EINFACH GRAF!

Lo Graf von Blickensdorf

WERDEN SIE DOCH EINFACH GRAF!

Biste was, kriegste was

*Für Christine
herzlichst
L.G.v. B—*

Rotbuch Verlag

Pfingsten, 12-6-11

FÜR MEINE MUTTER
LIESELOTTE GRÄFIN VON BLICKENSDORF

ISBN 978-3-86789-088-5

1. Auflage
© 2009 by Rotbuch Verlag, Berlin
Umschlaggestaltung: Buchgut, Berlin
Umschlagabbildung: Tom Peschel
Druck und Bindung: CPI Moravia Books GmbH

Ein Verlagsverzeichnis schicken wir Ihnen gern:
Rotbuch Verlag GmbH
Neue Grünstraße 18
10179 Berlin
Tel. 01805/30 99 99
(0,14 Euro/Min. aus dem deutschen Festnetz,
abweichende Preise für Mobilfunkteilnehmer)

www.rotbuch.de

Graf von Blickensdorf

VORWORT	*7*
WIE ALLES BEGANN	*9*
DES GRAFEN KLEIDUNG – ADEL VERPFLICHTET	*16*
DER GRAF, DIE LIEBE UND DER SEX	*30*
ALS GRAF ESSEN, TRINKEN UND TANZEN, WIE ES SICH GEHÖRT	*65*
DER GRAF IN KONFRONTATION MIT DEM »RICHTIGEN« ADEL	*80*
DER GRAF AUF PARTNERSUCHE	*88*
GRÄFLICH REISEN	*96*
DIE BRIEFE DES GRAFEN	*122*
GRAF ODER GRÄFIN WERDEN: EINE ANLEITUNG	*182*
RESÜMEE	*189*

*»Was wir brauchen, sind ein paar verrückte Leute;
seht euch an, wohin uns die Normalen gebracht haben.«*

GEORGE BERNARD SHAW

VORWORT

von Götz Alsmann

Wir leben in einer Republik. Adelige genießen de jure keine Sonderrechte. Viele Adelige sind verarmt, verkracht, bedeutungslos. Der alte Adel in seiner gefühlten Steiflippigkeit und arthritisch-hölzernen Eckigkeit dient als Vorlage für Knallchargennummern in Theater, Filmlustspiel und Kabarett.

Die Welt lacht sich scheckig über Sir Toby und Admiral von Schneider aus »Dinner for One« und selbst Kinderbuchleser der Sechzigerjahre wussten schon, dass sich Graf Schreckenstein hauptsächlich durch eine immense Nase auszeichnete. Heutige Kinder verorten Grafen irgendwo zwischen Dracula und Graf Zahl aus der »Sesamstraße«. Ulkig.

Dazu ist unsere Rezeption des Adels noch durch ein Quäntchen Revolutionäres geprägt, das mancher in sich zu spüren glaubt. Adel? Haha. Nicht mit mir. Eine ehemals bekannte Politikerin der Grünen gab ihr »von« sogar auf – vermutlich, um nicht mit dem Freiherrn vom Stein oder dem Grafen von Monte Christo verwechselt zu werden.

Diejenigen in Politik, Journalismus und politischem Kabarett, die sich ihr pubertäres Gemüt bewahrt haben, können nicht über den gegenwärtigen Bundeswirtschaftsminister schreiben oder sprechen, ohne süffisant auf seine Herkunft zu verweisen.

Adelige? Sollen sich mal hinten anstellen.

Und doch: Das Faszinosum »Adel« bleibt. Etliche Zeitschriften bestehen aus fast nichts anderem als der Berichterstattung über den europäischen Hochadel. Stellt sich jemand mit einem adeligen Namen vor, reagieren wir innerlich immer – ähnlich wie bei besonders exotischen oder besonders lustigen Familiennamen.

Mit gespielt gleichgültigem Gesicht sagen wir beim Händedruck genauso »Guten Tag, Graf Mahlzahn«, wie wir »Guten Tag, Herr Pupskopp« sagen würden. Nur dass wir Graf Mahlzahn ein wenig beneiden.

Geben wir's zu: Das Vertrackte an der ganzen Angelegenheit »Adel« ist doch, dass der gemeine Adelige oft eine Nonchalance und Selbstsicherheit, ja: Selbstverständlichkeit an den Tag legt, die man als zauseliger Alt-Freak oder strubbeliger Langzeitstudent einfach nicht hinbekommt. Ein fester Händedruck, ein gewandtes Lächeln, kerzengerade Haltung, elegant selbst in Freizeitgarderobe und immer ein Nanogramm Arroganz. Wie kriegt er das bloß hin?

Um der Wahrheit die Ehre zu geben: Viele kriegen es überhaupt nicht hin. Es gibt halt auch bei den guten alten Blaublütern perfekte und katastrophale Adeligen-Darsteller.

Aber wenn Schauspieler zwischen »ich bin Hamlet« und »ich bin ein Stuhl« alles lernen und spielen können, wenn auch mittelprächtige Darsteller durch Probenarbeit ihre (lassen Sie mich für eine Sekunde ganz modern sein) »Performance optimieren« können – dann müsste sich doch »adelig sein« zumindest im Rahmen seines eigenen Klischees lernen lassen? Und wenn es erlernbar ist – was bringt es einem wirklich?

Genau das hat Lo Blickensdorf herauszufinden versucht. Studieren Sie seine Versuchsanordnungen und lernen Sie daraus.

Münster, im Sommer 2009

WIE ALLES BEGANN

So, jetzt bin ich schon zwei Tage »Graf«. Wahnsinn. Ich hätte nicht gedacht, dass das so einfach ist. Und ganz legal. Doch nichts hat sich an meinem Leben geändert. Bis jetzt.

Ich residiere nicht in einem Schloss, kein blasierter Diener reicht mir die gebügelte Tageszeitung und gießt mit weißen Handschuhen aus sterlingsilbernem Kännchen feinsten englischen Tee ein. Auch ist keine vierspännige Kutsche vorgefahren.

Schade. Alles beim Alten.

Ich sitze immer noch in meiner kleinen Berliner Zwei-Zimmer-Altbauwohnung, und draußen auf der regennassen Straße klappert die Stadtreinigung mit den Mülltonnen im Rhythmus eines Avantgarde-Konzerts des Goethe-Instituts.

Außerdem habe ich meinen Freunden gegenüber ein schlechtes Gewissen. Jetzt ist er total durchgedreht, werden die denken. Vielleicht raten sie mir, einen Psychologen aufzusuchen oder eine Selbsthilfegruppe schizophrener Pseudoadliger?

Es klingelt an der Wohnungstür. Ein schwer atmender Paketbote bringt meine selbst gestalteten Visitenkarten. Meine Stimmung steigt wieder etwas. Aus der hastig aufgerissenen Schachtel kommen die Karten zum Vorschein: »Lo Graf von Blickensdorf« steht da in vornehmer Schreibschrift. Dazu das selbst gezeichnete Wappen. Hm, sieht zwar ein bisschen aus wie von einem Weinvertreter, der billige Tropfen in weinunkundigen Gegenden verkaufen muss. Aber egal, der Name liest sich gut.

Eine Freundin schaut kurz vorbei und bringt mir ein paar ausgeliehene DVDs zurück. Ihr zeige ich als Erste meine neuen Visitenkarten.

»Na endlich outest du dich«, sagt sie gelassen, »ich wusste doch schon immer, dass du was Besonderes bist ...«

Ich bin perplex und erstaunt über ihre Reaktion. Ja, okay, ich habe mal adlige Vorfahren gehabt. Hugenotten, die nach Polen geflüchtet waren. Das ist aber ewig lange her.

»Du hast schon immer so etwas Aristokratisches gehabt«, ergänzt sie.

Jetzt fühle ich mich geschmeichelt und ermutigt, anderen von meinem neuen »Adelsstand« zu erzählen.

Alle meine Freunde, denen ich nach und nach eröffne, dass ich mich ab jetzt »Graf von Blickensdorf« nenne, nehmen es durchweg positiv auf. Niemand macht hinter meinem Rücken das Balla-Balla-Zeichen, ganz im Gegenteil: Jeder fühlt sich genötigt, irgendetwas Lustiges darüber zu sagen.

»Haben Herr Graf wohl geruht?« zum Beispiel. Oder ein Freund adressiert einen Brief »An den Graf von Blickensdorf« mit dem Absender: »Fürst Pückler«. Har-har. Und alle wollen meine Visitenkarte haben. »Zum Angeben«, sagen sie.

Ein paar Tage später gehe ich in eine Filiale einer großen Parfümerie-Kette in der Wilmersdorfer Straße, um dort Rasierschaum eines bekannten japanischen Modedesigners zu erwerben. Ein vermögender Freund, der es sich leisten könnte, hält mich zwar für verrückt, dass ich einundzwanzig Euro dafür ausgebe. Aber weil ich die gesamte Herrenserie benutze, will ich auch den passenden Rasierschaum haben. Als frischgebackener Graf erst recht. Das hat Stil.

Ich finde ihn nicht im Regal. Überall laufen zwar viele emsige, maskenhaft geschminkte Verkäuferinnen in fliederfarbenen Kittelschürzen herum. Aber ich scheine Luft für sie zu sein.

Einige bedienen mittelalte Frauen, die zu Hause wahrscheinlich in viel zu weiten Pullovern im Schneidersitz Tee schlürfen, um dann nach einer Pause ein lang gezogenes »Ahhhh...« auszustoßen, und zeigen ihnen Tiegel mit übertaurer Antifaltencreme.

Andere Verkäuferinnen wiederum räumen Regale ein, ohne

nach rechts oder links zu gucken. Ihre Körpersprache signalisiert: Sprich mich nicht an!

Auf jemanden wie mich scheint niemand von den Kittelschürzen programmiert zu sein. Ich falle wohl durch das Kundenraster. Nach jedem »Entschuldigung, äh …« von mir scheinen die Damen es noch eiliger zu haben, sich von mir zu entfernen, als wären wir Magnete mit unterschiedlichen Polen.

Keine Einzige nimmt Notiz von mir. Zugegeben, ich trage meine ungebügelten schwarzen Künstlerklamotten und außerdem bin ich nicht rasiert. Doch deshalb bin ich ja hier. Und trotzdem – wie ein Penner sehe ich mit meinen Prada-Schuhen aus dem Sonderangebot und meiner Boss-Jacke von eBay eigentlich nicht aus.

Ich gebe zu, dass ich von Natur aus ein etwas vornehm zurückhaltender Mensch bin, weit entfernt von einem Alpha-Männchen. Trotzdem werde ich jetzt etwas sauer. Wenn es sein muss, kann ich mich auch durchsetzen.

Also werde ich etwas energischer. Ich schreite nun herum wie ein Generalfeldmarschall, der auf der Suche nach einer Schwachstelle in den feindlichen Linien ist, um dann einen Durchbruch zu wagen. Da! Jetzt kommt eine. Sie ist zwar nur etwas größer als die kleinwüchsige Pathologin »Alberich« aus den Münsteraner Tatorten, aber ich muss sie ja nicht gleich heiraten.

»Entschuldigung?«

»Ja …?«, antwortet sie mit einem Gesicht, als hätte ich sie gefragt, ob sie Lust auf einen Quickie im Lager hat.

»Ich suche Rasierschaum von Issey Miyake. Führen Sie den?«

»Ick kann die Tür zumachen und hier Wasser rinloofen lassen, dann könn' Se hier och schwimmen.«

Ich lächle etwas gequält und wiederhole meinen Wunsch.

Mit ausdruckslosen Augen sieht sie mich an: »Ham wa nich!«

Ich setze eine hilflose Miene auf. »Wirklich nicht? Ich habe ihn hier aber schon mal gekauft.«

»Wann war'n det? 1956?« Flink wie eine Antilope will sie mir wieder entwischen. Ich halte sie in letzter Sekunde noch am Zipfel ihrer Kittelschürze fest.

»Schauen Sie doch bitte einmal nach. Im Lager vielleicht? Bitte!« Ich blicke sie flehend an.

»Den ham wa abba nich. Det weeß ick.« Unter ihrem Make-up-Gebirge kann man erkennen, dass sie mich missmutig beäugt.

Ich seh sie traurig an. Das Standgebläse scheint jetzt etwas Mitleid zu bekommen und ihre Stimme wird weicher. »Na jut, ick schau mal im Computer nach«, brummelt sie gnädig.

Erleichtert gehe ich mit ihr zur Kasse. Nach einer Weile hat sie etwas gefunden. »Hm, in der Filiale Schönhauser Allee gibt's den Rasierschaum noch. Der Letzte. Wird nämlich eigentlich nicht mehr hergestellt.«

Erleichtert frage ich sie, wie ich an den Rasierschaum herankomme. »Na abholen. Oder mein' Se, der hat Flügel und fliegt direkt zu Ihnen in Ihr Etablissemang?«

»Die Schönhauser Allee ist weit«, stelle ich fest. Ich habe einfach keine Lust dorthin mit dem Fahrrad zu fahren. Wenig Radwege und außerdem im Osten gelegen, wohin man sich als Charlottenburger sowieso nur äußerst ungern begibt.

»Na ja ...«, erwidert sie wohlwollend, »ausnahmsweise bestell ick es Ihnen.« Ich bin dankbar.

Sie holt einen Block mit Lieferscheinen hervor und fragt in einem Ton wie ein Kaufhausdetektiv den Ladendieb: »Name? Telefonnummer?«, während sie irgendetwas hinten im Geschäft gelangweilt beobachtet.

»Blickensdorf«, sage ich. Sie beginnt fahrig zu schreiben, aber es misslingt ihr.

»Häh? Wie schreibt sich 'n das?« Sie kritzelt das Geschriebene zu und will es erneut versuchen.

»B-l-i-c-k-...«, buchstabiere ich.

»Mit P?«

»Nein mit B wie Berta.«

Sie flucht. Sie hat sich schon wieder verschrieben. Sie zerreißt den Zettel, zerknüllt ihn, pfeffert ihn wütend in den Papierkorb und nimmt einen neuen.

Da fallen mir meine neuen Visitenkarten ein. »Warten Sie, hier ...« Ich gebe ihr eine.

»Warum nicht gleich?«, sagt sie vorwurfsvoll, und ohne einen Blick darauf zu werfen, tackert sie die Karte an den Lieferschein.

»Wir rufen Sie an …« Noch ehe ich irgendetwas erwidern kann, ist sie in der Tiefe der Parfümerie verschwunden.

Wie ein geprügelter Hund verlasse ich das Geschäft. Gut, dass der Rasierschaum so lange hält. Da muss ich nur alle halbe Jahre in Läden, wo Dienstleistung nicht gerade groß geschrieben wird.

Tags darauf klingelt mein Telefon. Eine honigsamtene Stimme flötet mir ins Ohr: »Herr Graf! Herr Graf! Ihr Rasierschaum ist da!« Es ist »Alberich«. Ist sie es wirklich? Im Hintergrund hört man es aus vielen Kehlen glucksend kichern. Wahrscheinlich haben die Kittelschürzen plötzlich alle Zeit der Welt, um einem Telefonat mit einem »Grafen« beizuwohnen.

»Wann kommen Sie denn, Herr Graf?«, säuselt sie lasziv, als hätte ich ihr gerade gesagt: »Gnädige Frau, ich glaube, es gibt Krieg – mein Säbel juckt.«

Ich teile ihr mit, dass ich am nächsten Tag so gegen fünfzehn Uhr vorbeizuschauen gedenke.

»Suuupi, dann bin ich auch da. Vormittags wäre schlecht gewesen, weil ich hier nur als halbe Kraft arbeite …« Aufgeregtes Gekicher der Kittelschürzen im Hintergrund.

An besagtem Nachmittag betrete ich die Parfümerie. Als mich die Kittelschürzen entdecken, laufen sie wie aufgeregte Hühner durcheinander.

Wie aus dem Nichts steht »Alberich« vor mir. Sie ist wie ausgewechselt. Ihre toten Augen funkeln jetzt wie Diamanten und blicken tausendmal sanftmütiger drein als der Papst. Ihre piepsige Mädchenstimme ist mehrere Oktaven höher als am Vortag.

»Ihr Rasierschaum! Ihr Rasierschaum! Sie haben ja so ein Glück, Herr Graf … Ihr Rasierschaum«, zwitschert sie.

Im Hintergrund werden wir von ihren Kolleginnen beobachtet, die sich gegenseitig die Ellenbogen in ihre molligen Hüften stoßen. Auch einige Mittvierzigerinnen, die irgendwelche Cremes ausprobieren, werden auf uns aufmerksam.

Als eine aus dem Hühnerhaufen achtlos an uns vorbeigeht, flüstert »Alberich« ihr zu: »Du! Das isser, das isser … der Graf!«

Ein debiles Lächeln der Kollegin kommt mir unter ihrer Schminke, ebenfalls dick wie Buttercreme auf einer Geburtstagstorte aufgetragen, entgegen.

So muss sich Howard Carpendale fühlen, wenn er von Parfümeriefachverkäuferinnen erkannt wird.

In einem atemlosen, speichelfeuchten Redeschwall, der mich fast zur Tür hinausschwemmt, erklärt »Alberich« mir anbiedernd, dass sie sich extra persönlich um die Lieferung des Rasierschaums gekümmert habe. Mit einer Vehemenz, als wäre über Nacht der Dritte Weltkrieg ausgebrochen.

An der Kasse legt sie mir den Rasierschaum so vorsichtig in die Tüte, als wäre es ein kostbares, mit Diamanten besetztes Fabergé-Ei. Dann greift sie unter die Theke und wirft händeweise Duft- und Cremeproben hinterher, als wären es Kamelle im Kölner Karneval.

»Noch ein paar Pröbchen ...«, sie kichert, »... etwas Feuchtigkeitscreme ... und ein paar neue Herrendüfte.«

So viele Proben habe ich in meinem ganzen Leben noch nicht bekommen.

Macht einundzwanzig Euro. Ich gebe ihr zweiundzwanzig. »Für Ihre Mühe«, lüge ich. Geschmeichelt reicht sie mir die prallvoll gefüllte Tüte.

Plötzlich hält sie inne und schaut mir skeptisch in die Augen. »Sind Sie wirklich ein richtiger Graf?« Ich nicke verlegen, aus Angst, mein Rasierschaum könnte mir wieder abhandenkommen.

»Aber ich habe leider keine Schlösser oder Ländereien.«

»Macht ja nix, nur Gräfin, da wäre ick schon zufrieden mit. Ick heiß nämlich Kalunke.« Wer hätte das gedacht.

Neckisch entgegne ich: »Dann heiraten Sie mich doch.«

Mit einer Miene wie beim Gewinn des größten Lotto-Jackpots aller Zeiten schmettert sie ein »Wirklich?!«.

Mir wird es etwas ungemütlich in meiner Haut, und ich schwindle: »Dazu muss ich erst mal geschieden sein.«

Etwas enttäuscht blickt sie mich an. Ich verabschiede mich höflich. Sie erwidert sehr laut: »Ich wünsche Ihnen dann viel Spaß mit dem Rasierschaum, Herr GRAAAF. Und einen angenehmen Tag, Herr GRAAAAF! Tschüssiiii, Herr GRAAAAF!«

Ein älteres Ehepaar dreht sich mit neugierigem Kuhblick im Vorbeigehen nach mir um und donnert in einen Verkaufsständer mit Intim-Lotions, der krachend zu Boden fällt.

Ich schnappe mir meine Tüte und mache, dass ich rauskomme ...

DES GRAFEN KLEIDUNG – ADEL VERPFLICHTET

Einige Tage später traf ich meinen Freund Arnold im türkischen Restaurant *Istanbul* in Charlottenburg. Er hatte meine Namensänderung amüsiert verfolgt und musterte mich nun kritisch von oben bis unten: »Aber so sieht doch kein Graf aus.« Angewidert fügte er hinzu: »Schwarz!«

Er meinte damit mein komplett schwarzes Outfit, das ich, so weit ich nur zurückdenken kann, trage. Ich hatte sogar schon als Baby schwarze Windeln, sage ich oft im Scherz. Es ist so eine Art Berufskleidung von Künstlern, Werbeleuten und Zuhältern. Für mich war es immer sehr praktisch, sie zu waschen. Alles in eine Trommel und ab dafür. Nichts färbte ab und bügeln brauchte man nur in ganz seltenen Fällen. Außerdem muss man sich keine Gedanken machen, ob die Hose jetzt zum Sakko passt.

»Als Graf bist du doch genau das Gegenteil eines Existenzialisten.«

Ich schaute ihn ratlos an. »Soll ich jetzt etwa auf meine schwarze Kleidung verzichten?«

»Ja«, antwortete er knapp und bestellte sich noch einen Raki.

Ich überlegte. Wie sieht denn ein richtiger Graf hierzulande eigentlich aus? Bestimmt nicht wie Lukas Ammann in der Serie »Graf Yoster gibt sich die Ehre«, die Ende der Sechzigerjahre im Vorabendprogramm lief. Der trug immer graue Lederhandschuhe, auch im Sommer, und Melone zu einem altmodischen gedeckten Anzug.

»Denk dran, ›Kleider machen Leute‹«, meinte Arnold, während er sich einen großen Schluck genehmigte und sich dann einen Zigarillo ansteckte.

Mir fiel wieder ein, dass ich damals in Burgsteinfurt, wo ich im Graf-Arnold-Alumnat untergebracht war und in die Bismarckschule ging, einmal bei einer Schulaufführung von Gottfried Kellers *Kleider machen Leute* mitspielte und mit höllischem Lampenfieber den Wenzel gab.

Arnold hatte recht. Doch wie sieht also ein Graf heutzutage aus?

»Wie ein englischer Gentleman …«, antwortete Arnold, während er mit seinem Zigarillo ungeduldig in der Luft herumfuchtelte, »… protziger Ring, Tweed, Seide, Kaschmir …«

»Kaschmir, ick bin der Frühling«, würde der Berliner jetzt sagen. Ich bekam schlechte Laune angesichts der Kosten, die nun auf mich zukamen. Aber egal, da musste ich durch. Arnolds Anweisungen leuchteten mir ein.

Am nächsten Morgen, ich hatte mir zweihundert Euro von Arnold geliehen, fuhr ich mit meinem geliebten Fahrrad und einer schlauen List im Kopf in das berühmte KaDeWe. Da würde ich bestimmt etwas für Grafen bekommen, obwohl die sicher nur Maßanzüge tragen.

»Mein sehnlichster Wunschtraum«, sagte der große Alfred Hitchcock einmal, »wäre, in irgendein beliebiges Herrenmodengeschäft zu gehen und mir einen Anzug von der Stange zu kaufen. Vermutlich beneiden mich viele Männer darum, dass die besten Schneider maßgeschneiderte Anzüge aus erstklassigem Material für mich anfertigen, doch ich träume davon, mir einen Anzug zu kaufen – Konfektionsware.«

In der Herrenabteilung im ersten Stock wurde ich fast erschlagen von dem Überangebot. Auf einer riesigen Fläche, so groß, dass man Pferde tothetzen könnte, wird alles angeboten, was der Herr so braucht.

Ich blieb bei einem dieser schönen Mäntel mit Pelzkragen stehen. Leider kosten sie so viel wie ein ganzes Jahr Hartz IV. Na ja, träumen kann man ja mal. Ich bleibe erst mal bei meiner Hugo-Boss-eBay-Jacke.

Endlose Gänge. Rechts und links Herrenbekleidung aller Art. Es roch nach neuer Kleidung und die Luft war extrem trocken.

Bevor es mir von der Masse an Herrengarderoben schwindelig wurde, sprach ich einen Verkäufer mit blonden Strähnchen an, der mit dem Rücken zu mir stand und ganz akkurat Hemden in ein Regal stapelte.
»Entschuldigen Sie ...«
»Ja bitte?«
Als er sich umdrehte, bereute ich es im Nu, ihn angesprochen zu haben. Ich bezweifelte, ob er mich gut beraten könnte, denn er trug ein räucherlachsfarbenes Sakko, dazu ein weiß-grau gestreiftes Hemd und als Krönung eine gewaltige burgunderfarbene Fliege von einer Größe, die bestimmt einen Helikopterführerschein voraussetzt. Zu allem Überfluss trug er eine bunte Weste, auf der eine Frühlingswiese abgebildet war. Wenn man da länger drauf schaute, hörte man sogar die Bienen summen. Seine Hose hatte die Farbe von Diarrhö. Dazu trug er schwarze Schuhe, die wie ein Affenarsch glänzten, sodass ich mich darin spiegeln konnte. Total schrill. Na ja, ist vielleicht gerade Mode, und in Paris trägt das jeder zweite Mann.

Er mochte Mitte dreißig sein und hatte unter seinen blonden Augenbrauen zwei kleine Schweinsäuglein.
»Entschuldigung ... äh ...«, druckste ich herum. »Sie müssen mir helfen.«
Ich fingerte eine meiner Visitenkarten hervor und reichte sie ihm.
Er musterte erst meine Karte misstrauisch und dann mich. Ähnlich wie Arnold schaute er mich leicht pikiert von oben bis unten an und zog eine Augenbraue hoch.
»Was kann ich für Sie tun?«
»Also ... äh ... ich habe mir nie etwas aus meinem Namen gemacht ...«, log ich. »Aber jetzt ... es steht eine Erbschaft ins Haus ...«
»Aha.«
»... ja, und da kann ich nicht *so* aufkreuzen ...«, und ich zog abfällig an meiner schwarzen Kleidung.
An seiner Mimik sah ich, dass er verstand. Sehr gut sogar.
»Und da möchten Sie standesgemäß gekleidet sein?«

Ich nickte.

»Und wo ist das Problem?«, fragte er und nestelte an seiner Fliege.

Achtung, ich dachte, jetzt schmeißt er den Helikoptermotor an und schwebt davon.

»Verarmter Adel, Sie verstehen?«, zwinkerte ich ihm konspirativ zu.

»Adel verpflichtet, verstehe«, brummte er, und hörte endlich auf, an der Riesenfliege rumzufummeln, aber nur, um jetzt seine Frühlingsblumenweste gerade zu ziehen.

»Ich hab nur den Namen, sonst nix.«

Der Helikoptermann hob nicht ab. Gott sei Dank! Er blieb auf der teuren Kaufhaus-Auslegeware stehen. Seine kleinen blondbewimperten Schweinsäuglein schauten mich jetzt mitfühlend und vertraut an.

»Wie viel ham Se denn?«, flüsterte er leise.

»Zweihundert«, erwiderte ich ebenso leise wie ein Freier auf dem Straßenstrich.

»Hm. Komm' Se ma mit.« Er machte mit seinem Zeigefinger eine Bewegung, wie man sie von der Hexe bei *Hänsel und Gretel* kennt.

Er sah mich noch mal abcheckend von oben bis unten an, wie ein Fleischermeister kurz vor dem Schlachten eines Kalbes. »Größe fünfzig, stimmt's?«

Ich war perplex. Es stimmte! Exakt meine Kleidergröße. Ich nickte ihm bewundernd zu.

»Wie muss ich Sie denn korrekterweise ansprechen?«, fragte er unsicher.

»Hochwohlgeboren«, antwortete ich schelmisch.

»Gut«, entgegnete er ernst.

»Nein«, sagte ich lachend, »... kleiner Scherz. ›Herr Blickensdorf‹ reicht oder wenn Sie wollen ›Graf‹.«

»Mir nach, Graf«, flötete er gut gelaunt, steckte meine Visitenkarte in seine Westentasche und mit einem energischen Hüftsprung verfiel er in einen schwulen Model-Gang. Als wäre er beim Laufsteg-Coach Bruce Darnell in die Lehre gegangen, rauschte er durch die Gänge und zog selbstsicher mal hier und mal dort ein Kleidungsstück heraus, musterte mich, hielt es mir vor die Brust, schüttelte entweder den Kopf oder nickte zustimmend. Hoffentlich zwingt er mir nicht seinen Geschmack auf, dachte ich. Wenn der mir so eine Fliege aufschwatzen will, fordere ich ihn zum Duell.

Doch nach fünfzehn Minuten hatte er ein karamellfarbenes Sakko aus immerhin zehn Prozent Kaschmiranteil und neunzig Prozent reiner Schurwolle, ein elegantes weißes Hemd mit dezenten grauen Streifen, eine hellblau-braun gestreifte Seidenkrawatte, ein hellblaues Seideneinstecktuch und einen cappuccinofarbenen Pullunder mit V-Ausschnitt mit sogar zwanzig Prozent (!) Kaschmiranteil herausgesucht. Dazu eine gut geschnittene haselnussbraune Cordhose.

In der Umkleidekabine zog ich alles an. Es passte perfekt und sah toll aus, wie ein Graf, obwohl noch loriotmäßig alle Etiketten dranhingen. Bis auf mein Gesicht. Potthässlich! Es hatte die grünliche Farbe einer Wasserleiche aus dem Landwehrkanal. Die Gesichtshaut war grobporig, fleckig und man sah jedes noch so kleine geplatzte Äderchen.

Das ist leider in allen Umkleidekabinen der Welt so. Ich verstehe nicht, dass Innenarchitekten das nicht in den Griff bekommen. In meinem Spiegel zu Hause sehe ich nur so krank aus, wenn ich verkatert bin.

Ich kam mit der neuen Kleidung am Leib und all den Etiketten aus der Umkleidekabine und ich sagte dem Helikoptermann begeistert, wie zufrieden ich sei.

Er fühlte sich geschmeichelt.

»Dafür bin ich ja da ...«, sagte er unterwürfig.

Ich fragte ihn besorgt, ob sich alles noch in meinem finanziellen Rahmen bewegen würde?

»Ich denke schon«, beruhigte er mich und entfernte mit spitzen Fingern einen weißen Faden von dem karamellfarbenen Sakko. »Alles reduzierte Ware. Aber keinesfalls minderwertig.«

»Momentchen ...« Er zog aus seiner räucherlachsfarbenen Geschmacksverirrung einen silbernen Parker-Kugelschreiber hervor und schrieb, vor sich hin murmelnd wie ein buddhistischer Bettelmönch beim Gebet, etwas auf die Rückseite.

Dann schaute er triumphierend zu mir auf und sagte stolz: »Summa summarum: hundertachtundneunzig Euro und fünfzig Cent.« Und fummelte wieder an seiner Propellerfliege herum.

Wow! Totales Schnäppchen!

Der Helikoptermann ging mit mir zur Kasse, ich bezahlte, bedankte mich höflich und machte mich auf in Richtung Rolltreppe.

»Stopp! Halt!«, hörte ich plötzlich eine Stimme rufen. Es war der Helikoptermann. Ich dachte, Mist, das war alles nur für »Verstehen Sie Spaß?«, und der Helikoptermann ist in Wirklichkeit Kurt Felix, oder Frank Elstner kommt gleich aus seinem Versteck und ich muss meine Schnäppchen wieder abgeben. Doch es war anders.

»Herr Graf!«

»Ja?«

Eine junge Frau mit einer großen KaDeWe-Plastiktüte schaute mich im Vorbeigehen neugierig von oben bis unten an.

»Darf ich es behalten?«, fragte der Helikoptermann und befummelte wieder nervös seinen Kinnbrummer. Seine Schweinsäuglein schauten mich bittend an und in seinen Schuhen spiegelte sich die Rolltreppe.

»Was denn?«

»Ihr Kärtchen.« Er klopfte auf seine Frühlingswiesen-Westentasche, worin sich der Schatz noch immer befand.

»Na klar«, sagte ich generös. Warum auch nicht: Wahrscheinlich will er am Abend im Freundeskreis damit etwas angeben. Soll er ruhig, hat er sich auch verdient, denn nur wegen ihm war ich schnell wieder raus aus der schlechten Kaufhausluft. Im Gegensatz zu all den Frauen, die stundenlang durch Kaufhäuser ziehen können, nichts kaufen und sich trotzdem über den gelungenen Nachmittag freuen.

Mit dem erfüllten Wunsch, den sich Meister Hitchcock immer nur erträumte, stieg ich auf mein Fahrrad. Meine Einkaufstüten hingen wie bei einem Nichtsesshaften rechts und links am Lenker und meine verdorrten Nasenschleimhäute erholten sich langsam wieder. Ich radelte zufrieden und etwas wackelig über den Kurfürstendamm nach Hause.

Einige Monate später musste ich noch einmal ins KaDeWe: War in meinem karamellfarbenen Sakko aus zehn Prozent Kaschmiranteil und neunzig Prozent reiner Schurwolle doch glatt die Innentasche, in der ich immer das Portemonnaie verstaue, etwas eingerissen. Obwohl ich mangels Inhalt meine Börse gar nicht so oft in die Hand nehmen muss.

Der Helikoptermann war nicht aufzufinden und seinen Namen wusste ich auch nicht mehr und so musste ich mich an einen anderen Verkäufer wenden.

Ich zeigte ihm den Schaden. Es war ein älterer Herr von Ende fünfzig, der so ungesund aussah wie Dr. Best aus der Zahnpastawerbung. Er schaute sich fachmännisch das Sakko kurz an, holte aus einem Stehpult einen Reparaturschein hervor und fragte nach meinem Namen. Ich gab ihm lässig meine Visitenkarte. Er warf einen kurzen Blick auf die Karte und tackerte sie dann mit Pokergesicht an den Lieferschein. »Ich kenne Sie irgendwoher«, stellte er betont unaufgeregt fest und sah mich mit den typischen kranken Augen mit den geplatzten Äderchen des Dr. Best an. Ich wollte schon erwidern: »… ich Sie auch, Sie sind Dr. Best!«, ließ es aber bleiben und antwortete nur cool: »Ach ja?«

Er müsse vorher der Reparaturschneiderin den Schaden zeigen, sagte der Mann und verschwand theatralisch wie Graf Dracula mit der Jacke hinter einem roten Vorhang, der sich bühnenreif wieder schloss.

Nach fünf Minuten kam er zurück und erklärte, dass die Schneiderin das Malheur reparieren könne. Sie würde kleine Lederdreiecke darauf nähen. Das wäre selbstverständlich kostenlos für mich. In dem Augenblick, als er das sagte, sah ich, wie hinter der Ecke, wo es zur Schneiderei ging, drei Frauenköpfe übereinander um die Ecke schauten. Als sie bemerkten, dass ich in ihre Richtung blickte, zogen sie schnell ihre Köpfe wieder zurück. Sie waren wohl neugierig, wie ein Graf so aussieht.

Mit der Grafen-Kleidung hat man leider auch einige Nachteile. Ich muss die Sakkos öfter reinigen lassen, die Oberhemden müssen nach Farben getrennt gewaschen werden und – sie müssen gebügelt werden! Sonst sieht man aus, als hätte man in seiner Kleidung eine Nacht auf einer Wartebank im Flughafenterminal verbracht. Das Bügeln macht natürlich überhaupt keinen Spaß und ich habe sogar schon mal ein Hemd einbüßen müssen, weil ich das Bügeleisen etwas zu lange habe drauf stehen lassen, als ich schnell zum Telefon musste und mich dann festgequatscht hatte. Aber ich mach das Beste daraus und sehe dabei immer fern. Nun weiß ich erst, was mit »Bügelfernsehen« gemeint ist.

Auch Krawatten und Seidenhalstücher bedürfen einer gewissen Pflege. Außerdem muss man sich jeden Morgen seine Kleidung für den Tag zusammenstellen. Das kostet Zeit und ist erst mal gar nicht so einfach, wenn man sich nicht sein Leben lang mit Herrenmode beschäftigt hat. Schwarz mit schwarz früher passte immer. Allerdings bin ich öfter für einen katholischen Priester gehalten worden, wenn ich mir in angeheitertem Zustand weiße Papierstreifen in den Kragen gesteckt hatte. Kneipenseelsorger habe ich mich dann genannt und so das eine oder andere Bier abgestaubt.

Nun überlege ich morgens nach dem Duschen immer, ob die Glencheck-Hose mit dem aufwendigen Karomuster am besten mit dem senfgelben Sakko aus reiner Schurwolle korrespondiert oder ob ich lieber die anthrazitfarbene Gabardinehose dazu anziehen soll? Und welches Einstecktuch harmonierte am besten zu der blau-rot-weiß gestreiften italienischen Seidenkrawatte? Oder lieber das changierende Seidenhalstuch? Wichtige Entscheidungen, die schon vor dem Frühstück getroffen werden wollen.

Das Leben war nicht einfacher geworden …

Meinen protzigen, echt silbernen Grafen-Ring erstand ich für kleines Geld in einem Basar in Casablanca. Gern erzähle ich immer augenzwinkernd, der Ring sei ein Geschenk des marokkanischen Königs Mohammed VI.

Casablanca ist eine wunderschöne Stadt, die zu drei Vierteln aus heruntergekommenen, aber malerischen Art-déco-Häusern besteht und morbiden Charme hat. Und das Schönste: nicht ein Tourist!

Auf dem Hin- und Rückflug saß ich vorn im Flugzeug. Das sind die besten Plätze, weil im Falle eines Absturzes der Getränkewagen zwangsläufig da noch einmal vorbeikommen muss.

Ich wohnte als einziger Europäer standesgemäß im *Majestic Hotel*, das schon einmal bessere Zeiten erlebt hatte und mich sehr an die Filmkulisse aus dem Marx-Brothers-Film *Eine Nacht in Casablanca* erinnerte. Man dachte immer, jeden Augenblick kommt Graf Pfefferman mit Groucho Marx um die Ecke. An der Außenfassade hingen noch Marmortafeln aus jener Zeit, auf denen stand: »Eau Courante, Chaude & Froide, Bains, Électricité, Ascenseur, Confort Moderne«. Das Hotel lag in einem Viertel, vor dem die Touristen gewarnt werden. Doch mir ist nichts passiert. Mit dem Hut in der Hand, kommt man durch das ganze Land!

Als ich morgens in dem wunderschönen, glasmosaikgeschmückten Frühstückssaal gemeinsam mit turbanbedeckten Berbern und weiß verhüllten Tuaregs frühstückte, kam ich mir vor wie im Comic *Tim & Struppi im Orient*.

Später erfuhr ich, dass ich in meinem sommerlichen hellen Leinenanzug für einen israelischen Geschäftsmann gehalten wurde. Au Backe! Gut, dass mich niemand von al-Qaida gesehen hatte. Aber da ich mich meistens in den herrlichen Pâtisserien aufhielt, passierte nichts. Ist ja auch kaum zu befürchten, dass sich sprenggürtelbewehrte Dschihadisten kunstvoll verzierte Petit Fours mit Cremefüllung und Zuckerguss zu Gemüte führen.

Das Straßenbild ist sehr morgenländisch und die Betriebsamkeit der Marokkaner ähnelt einem Ameisenhaufen. Die Menschen, ob arm, ob reich, sind alle freundlich und warmherzig. Am besten ist, wenn man sich in eines der zahlreichen Straßencafés setzt und sich das Treiben anschaut.

Dienstleistung wird hier noch groß geschrieben. Wenn ein Mensch aus Casablanca in Berlin an einem normalen Wochentag über die Straße ginge, dächte er sicher, es sei gerade ein hoher Feiertag, an dem die Leute nicht arbeiten dürfen.

Auf den Straßen trifft man alle paar Meter auf Schuhputzer, die hochprofessionell das Schuhwerk so perfekt putzen, dass es danach wieder aussieht, als käme es gerade aus dem Schuhgeschäft. Anfangs war es ein merkwürdiges Gefühl, dass jemand zu meinen Füßen hockte und mir die Schuhe putzte. Aber als Graf muss man so etwas abkönnen, dachte ich. Falls ich noch einmal nach Casablanca fliege, bringe ich alle meine alten Schuhe zum Putzen mit, danach wären sie wieder wie neu.

Auf der Geburtstagsfeier meines besten Freundes Aykut Kayacik trug ich die Grafen-Kleidung zum ersten Mal in der Öffentlichkeit.

Aykut ist ein toller Schauspieler und auf Partys ein begnadeter Alleinunterhalter. Dort erzählt er Witze, spielt kleine Sketche und zaubert, was das Zeug hält. Er weiß genau, wo beim Zwerchfell vorn ist und schafft es immer, sein Publikum zum Lachen zu bringen, bis die Lachhormone Räder schlagen. Hier ist einer seiner typischen Witze: »Treffen sich 'ne Acht und 'ne Null. Sagt die Null zur Acht: ›Schöner Gürtel!‹«

Man nennt ihn auch den Bürgermeister vom Savignyplatz. Wenn man mit ihm die wenigen Meter vom Kurfürstendamm zum Savignyplatz geht, dauert das fast eine Stunde. Warum? Weil er so viele Leute in der Gegend kennt und mit jedem ein paar Minuten plaudert. Wenn man Aykut zum Freund hat, verzehnfacht sich der Freundeskreis.

Ich habe mit ihm schon so manche lustige Idee ausgeheckt. Zum Beispiel eine Kochsendung mit dem exzellent kochenden Schauspieler Jochen Senf und mir, die heißen sollte: »Der Graf kocht mit Senf«. Außerdem ist Aykut auch mein Lauflehrer, mein »Personal Trainer« sozusagen. Ich war bis vor drei Jahren der wohl unsportlichste Mensch der Welt und meine ersten Laufversuche waren eine Katastrophe. Ich merkte, dass ich beim vielen Sitzen meine motorischen Fähigkeiten völlig verlernt hatte. Bei den kleinsten Übungen zum Dehnen und Warmmachen versagte ich. Kondition hatte ich zwar durch mein regelmäßiges Fahrradfahren, trotzdem war ich nach jedem Lauf fix und fertig, als wäre ich mit meiner zwei Zentner schweren afrikanischen Schwiegermutter auf dem Rücken auf den Himalaja geklettert. Ich hatte ja noch nie in meinem Leben Sport gemacht. Sollte ich einmal einen Roman über das Joggen schreiben, würde ich ihn »Schwere Beine« nennen.

Nach drei Monaten Training im Charlottenburger Schlosspark im Wechsel mit dem Lietzensee, teilte mir Aykut eines Tages mit einem diabolischen Grinsen mit, dass wir beide bald darauf den Berliner Halbmarathon laufen würden. Auf meine Proteste hin (»Mann, bist du bescheuert?«) entgegnete er mir süffisant, dass er mich schon angemeldet und die dafür fällige Gebühr von fünfzig Euro bereits bezahlt hätte und sie mir schenken würde, wenn ich an dem Lauf teilnähme. Sollte ich kneifen, müsste ich die fünfzig Euro selbst bezahlen. Da blieb mir also nichts anderes übrig, als zu laufen.

Als ich einige Stunden vor dem Halbmarathon morgens in der Zeitung den Laufplan sah, wurde mir erst einmal schlecht. Selbst mit dem Fahrrad wäre es eine lange Strecke gewesen. 21,1 Kilometer! Und das zu Fuß!

Da ich noch starker Raucher war, dampfte ich unter Aykuts abfälligen Blicken kurz vor dem Start nervös ein paar Zigaretten. Dann ging es mit Tausenden von anderen Läufern los, von Unter den Linden durch das Brandenburger Tor, die Straße des 17. Juni entlang, am Schloss Charlottenburg vorbei.

»Kümmer dich nicht um mich«, rief ich Aykut zu, weil ich nicht wollte, dass er nur meinetwegen eine schlechte Zeit lief.

»Okay ...«, flötete er, »... aber halte durch!«, ermahnte er mich streng und preschte leichtfüßig davon.

Nach ungefähr zehn Kilometern liefen meine Beine bereits wie Fremdkörper automatisch, so als gehörten sie gar nicht zu meinem Körper. Von Aykut war schon lange nichts mehr zu sehen. Schließlich ist er fünfzehn Jahre jünger als ich, tröstete ich mich.

Am Straßenrand standen überall Musikgruppen und freundliche Menschen, die mich anfeuerten, und ich kam in eine euphorische Phase, meine Glückshormone feierten eine wilde Party. Am Kurfürstendamm standen Freunde von mir, die ein Schild hochhielten. »GO, LO, GO!« stand darauf. Ich schnorrte mir erst einmal unter ihrem Gelächter eine Zigarette und rauchend wie eine gemächliche Dampflokomotive zockelte ich weiter in Richtung Kreuzberg. Ich wollte ja nicht schnell sein, sondern nur durchkommen. Schließlich kam ich erschöpft, aber so überglücklich im Ziel an, als hätte ich gerade einen Flugzeugabsturz überlebt.

Sofort zündete ich mir erst einmal eine Zigarette an. Rauchend stellte ich stolz fest, dass ich noch nicht einmal der letzte Läufer war. Meine Beine fühlten sich zwar wie weiche Lakritzstangen an, aber das war mir egal. Ich hatte es geschafft!

Noch eine Woche lang hatte ich das Gefühl, als erholten sich meine Knochen von einer Massenschlägerei, und auf meinem Gesicht lag ein permanentes Lächeln, als wäre ich auf einem LSD-Dauer-Trip.

Zurück zur Geburtstagsfeier meines Freundes Aykut am Savignyplatz. Dort trug ich meine Grafen-Kleidung zusammen mit dem Ring zum ersten Mal und erntete viel Lob. Besonders Arnold freute sich so überschwänglich über meine gelungene »Verkleidung«, als wäre er Leonardo da Vinci, der gerade die *Mona Lisa* vollendet hat. Der Graf war geboren!

Meine Freundin Nina, die eine begnadete Jazzsängerin ist, stellte fest, dass der Verkäufer sogar die Krawatte mit meiner Augenfarbe abgestimmt hatte, denn ich habe, genauso wie deren Farben, ein blaues und ein braunes Auge. Ähnlich wie David Bowie. Das ist aber keine Krankheit, sondern eine Pigmentveränderung.

Bei der zufällig anwesenden Pressesprecherin eines Bundesministeriums, der ich meine Visitenkarte überreichte, konnte ich zum ersten Mal die Wirkung testen. Umgehend erkundigte sie sich, warum ich mich in »solchen« Kreisen bewegte und nicht unter meinesgleichen. Ich entgegnete flunkernd, ich gehörte zum »modernen« Adel, denn ich sei ja selbst Künstler.

Meine neue Erscheinung zeigte Wirkung. Der Helikoptermann hatte Klasse – aber: Warum kleidet er sich nicht selbst so geschmackvoll? Schließlich sitzt er ja an der Quelle. Vielleicht kommt er aus einer alten Helikopterfamilie und die Tradition schreibt vor, dass alle Familienmitglieder große Fliegen tragen müssen?

Nach Aykuts Geburtstagsfeier ging ich mit Nina noch um die Ecke in die *Paris Bar*. Der Treffpunkt für Promis in Berlin. Ich wollte mal testen, wie ich in der »großen weiten Welt« nun so ankomme. Als wir das Lokal betraten, musterten uns erst alle Kellner neugierig, um dann sogleich ein »Verpisst-euch-Gesicht« aufzusetzen. Doch ich gab nicht auf und fragte höflich nach zwei Sitzplätzen. Die Kellner-Bagage schickte uns miesepetrig in den hinteren Teil des Raumes, wo niemand saß.

Wir setzten uns an einen Tisch mit weißen Stoffservietten (wahrscheinlich schon für den nächsten Tag) und warteten darauf, bedient zu werden. Nichts geschah. Wir erkannten Otto Sander an seinem, mit einer kleinen Messingplakette markierten Stammplatz. Was muss der Mann hier Geld versoffen haben, um so ein Privileg zu bekommen.

Ach, hätte ich nur auch so eine Plakette in meinem Lieblingscafé am Klausener Platz: »Reserviert für den Grafen von Blickensdorf – auf Verlangen freizumachen!« Träume sind Schäume.

Dann tuckte da auch noch mit unnatürlich gebräuntem Gesicht und bis zum Reißen gespannter Gesichtshaut ein prominenter Modeschöpfer herum. Ich stellte mir vor, wie es wäre, wenn die gespannte Gesichtshaut einmal nachgeben würde. Dann säße da ein berühmter Schneider in Designerkleidung mit einem Gesicht wie ein Plastinat von Gunther von Hagens. Ein gefundenes Fressen für die *Bild*.

Apropos, auch ein nicht ganz unbekannter Boulevard-Kolumnist ebendieser Gazette lief im krawattenlosen weißen Hemd aufgeregt wie ein Pfau bei der Balz zwischen blitzenden Brillis, Rolex-Uhren und Bleachingzähnen hin und her. Die angestrengten Diskussionen mit Frauen, die Lippen wie Autoreifen hatten, gingen wahrscheinlich nur um Fettwegspritzen und Anti-Aging-Cremes.

Die Botox-to-go-Gäste mit ihrem eingefrorenen Käseeckenlächeln hatten draußen ihre Porsche und Maseratis in zweiter Reihe geparkt, obwohl genug Parkplätze vorhanden waren. Sie hofften, jemand möge hereinkommen und fragen: »Entschuldigung? Wem gehört das kristallsilbermetallicfarbene Stahlgussmonster da draußen?« Um dann lässig mit Autoschlüsseln klappernd durch das Lokal zum Ausgang zu stolzieren, sodass auch wirklich jeder sieht, wem diese umweltzerstörende Dreckschleuder gehört.

Wir kamen uns vor wie Zirkusbesucher und hatten Durst. Aber es kam, trotz meiner gräflichen Erscheinung, immer noch kein Kellner. Irgendetwas machte ich falsch. Nächstes Mal besorge ich mir vergoldete Porsche-Schlüssel und knall sie so laut auf den Tisch, dass dieses blasierte Gesinde zusammenzuckt und Respekt bezeugt. Außerdem klebe ich mir zwei Wiener Würstchen auf die Lippen.

Ich wollte nicht aufgeben, denn das Einzige, was man im Leben aufgeben sollte, ist ein Brief.

Ich stand also auf und ging zu einem Kellner und bestellte freundlich zwei Bier. Der machte ein Gesicht, als würde ich im Zoo kurz vor der Schließung nach dem Gehege der Mantelpaviane fragen.

Nach einer erneuten Ewigkeit wurden endlich die Biere von einem schnöseligen Kellner gebracht, der sie wahrscheinlich zu Fuß aus Hamburg geholt hatte. Unfreundlich knallte er sie vor uns hin. Otto Sander wurde da freundlicher bedient, aber der hatte seine Plakette.

Wir tranken aus, zahlten und gaben mit langen Zähnen noch reichlich Trinkgeld. Bloß nichts anmerken lassen. Man weiß ja nie. Wer seinen Feind umarmt, macht ihn bewegungsunfähig, sagen die Chinesen. Wir kommen wieder …

DER GRAF, DIE LIEBE UND DER SEX

Meine Ehe mit Juliet aus Ghana war im verflixten siebten Jahr aufgrund unüberbrückbarer kultureller Unterschiede gescheitert, und so lebte ich seit ein paar Jahren allein. Da mein Schlafzimmer schon lange keine Frau mehr gesehen hatte, nannte ich es liebevoll die »Kathedrale des erotischen Elends«.

Als Ehegatte bin ich meiner Frau stets treu gewesen. Da hielt ich es wie die Lachse, die schwimmen zum Laichen auch immer nach Hause. Noch bessere Ehemänner sind allerdings Beamte: Wenn die nach Hause kommen, sind sie ausgeschlafen und haben die Zeitung schon gelesen. Kleiner Kalauer.

Nun war ich also für die Damenwelt wieder zu haben. Inzwischen auch nicht jünger geworden, standen meine Chancen aber nicht mehr so gut, und da ich meistens knietief im Dispo steckte, fielen die klassischen Anbagger-Möglichkeiten wie Essenseinladungen, Discobesuche, Singleurlaube etc. ohnehin weg.

Aber dafür war ich jetzt Graf, und da sollen Frauen angeblich ja drauf stehen.

Eines Tages fuhr ich mit dem Fahrrad von Kreuzberg nach Hause. Es war ein schöner sonniger Maitag und der schwere Duft von Jasmin lag in der Luft, die Bäume trugen stolz ihr frisches Grün und die Vögel zwitscherten ausgelassen, überall saßen Menschen mit entspannten Gesichtern auf den Trottoirs und verbreiteten ein mediterranes Flair. Ich war dermaßen guter Laune, dass ich mir am liebsten einen »Schlechte-Laune-Tee« aufgebrüht hätte.

Stattdessen kehrte ich auf halbem Weg auf ein Weizenbier im *Café am Neuen See* im Tiergarten ein, weil mir unterwegs ein paar Ideen gekommen waren, die ich rasch aufschreiben wollte.

Die Tische waren nur spärlich besetzt und ich sah auf den kleinen See, der ruhig zwischen den großen Bäumen lag. Zufrieden trank ich mein Bier und kritzelte in meinem kleinen schwarzen Notizbuch herum.

In der Jasminhecke saß eine Amsel und pfiff irrsinnig laut.

Ein dicker älterer Mann, Typ Peer Steinbrück, gekleidet in der Mode, die man gern in Neuköllner Eckkneipen namens *Sporteck* oder *Bei Moni* trägt, fühlte sich in seiner Ruhe gestört und feuerte einen Bierdeckel in Richtung der Amsel. »Verpfeif dir!«, brüllte er.

Dann nahm der Mann einen tiefen Zug von seinem Pils, wischte sich mit dem Ärmel seines fahlgelben Hemdes den Schaum vom Mund und steckte sich eine Zigarette an.

Ich kicherte in mich hinein – das waren die Momente, wegen derer ich Berlin so liebe!

Eine Fliege lenkte meine Aufmerksamkeit auf sich.

Sie umflog mich neugierig, landete auf dem Tisch und lief zu der kleinen Pfütze, die mein Weizenbier auf dem Tisch hinterlassen hatte.

Dann beobachtete ich, wie die kleine Fliege ihren Saugrüssel erst vorsichtig, dann immer mutiger in die Bierpfütze hineintunkte und davon trank.

Ich glaubte zu erkennen, dass es ihr schmeckte. Warum nicht, dachte ich amüsiert. Auch Fliegen sollten sich ab und zu einen kleinen Rausch gönnen.

Die kleine Fliege schlürfte immer noch gierig an der Pfütze. Ich nahm mein Bier zum Mund und sagte leise, damit es die anderen Gäste nicht hörten: »Prost, kleine Fliege«, und trank einen tiefen Schluck.

Vorsichtig und leise stellte ich mein Bier zurück auf den weichen Bierdeckel, bedacht, die Fliege nicht zu erschrecken. Ich fragte mich, wie viel Bier so eine Fliege wohl vertragen könnte? Und wie fliegt es sich wohl besoffen? Fasziniert schaute ich ihr zu. Ihre Flügel glänzten im Gegenlicht der Sonne in allen Regenbogenfarben. Sie trank und trank. Sie hielt sich noch erstaunlich gut auf ihren behaarten Beinen. Als kleiner Junge hatte ich mir gewünscht, einmal eine Fliege zu sein. Überall schwerelos hinzufliegen, das war meine Vorstellung von totaler Freiheit. Als ich von Eintagsfliegen hörte, ließ ich den Wunsch jedoch fallen.

Mittlerweile hatte sich eine zweite Fliege hinzugesellt. Mir war, als ob sich beide unterhielten und mich beobachteten. Da! Jetzt tuschelten sie über mich. »Du, der sieht aus wie ein Graf«, flüsterte die eine Fliege der anderen zu, »cool«, antwortete die. Ich spürte, dass die beiden mich irgendwie mochten.

Jetzt tranken beide Fliegen gemeinsam aus der Bierpfütze. Als ich noch darüber nachdachte, ob die zweite Fliege vielleicht ein alter Kumpel der ersten war oder beide miteinander verheiratet, hörte ich hinter mir eine weiche Stimme: »Entschuldigung? Ist hier noch frei?«

Ich erschrak und sah mich um. Da stand eine Frau von Anfang dreißig, in der Hand ein Weizenbier und einen Bierdeckel. Sie trug so eine riesige Sonnenbrille, wie sie im Moment alle Frauen tragen, um damit wie große Insekten auszusehen. Aber sie sah aus wie meine kleine Fliege auf dem Tisch.

Ich starrte sie an. Eine überdimensionale Fliege? Nein, ein Mensch, dachte ich. Ein weiblicher. Und ein hübscher obendrein. Es war ja nur die Sonnenbrille, die sie zur Fliege machte.

Ich antwortete: »Ja, äh ... sorry, ich hab grad geträumt.«

»Oh wie süß, ein Mann, der träumt.«

Sie schob ihre Fliegenaugensonnenbrille zurück ins Haar. Ich bemerkte, dass sie wunderschöne braune Kulleraugen hatte.

Die Fliegen flogen weg. Sie hatten auch genug gesoffen.

»Darf ich?« Sie zeigte auf die Biergartenbank.

»Oh ja, natürlich.«

»Hier ist nämlich noch etwas Sonne ...«, sagte sie mit einem entschuldigenden Lächeln, während sie mich mit ihren Kulleraugen warmherzig ansah und ihre schönen sonnengebräunten, schlanken Beine, die im Gegensatz zu denen meiner kleinen Fliege unbehaart waren, über die Bank schwang, um mit so einem heftigen Plumps neben mir zum Sitzen zu kommen, dass die Sitzbank nachfederte wie ein Trampolin. Dann wischte sie mit ihrem Bierdeckel die Pfütze vom Tisch.

Sie trug ein anthrazitfarbenes Business-Kostüm, dessen enger Rock knapp über den Knien endete, und sah damit aus wie die Frauen, die mit kleinen Samsonite-Rollkoffern handy-telefonierend auf Flughäfen anzutreffen sind und immer sexy, aber unnahbar wirken. Ihr dunkelbraunes Haar war gekonnt hochgesteckt.

»Hi, ich heiße Adriana.«

»Angenehm, ich heiße Lo.«

»Häh? Wie? Lo? Wo kommt denn *der* Name her?«

Immer wenn mich Leute nach der Herkunft meines Vornamens fragen, bin ich total genervt und denke mir oft hanebüchene Geschichten aus.

»Meine Mutter war Thailänderin.«

»Ach echt? Und was bedeutet der Name?«

»Verdammter Mist. Auf Thailändisch heißt Lo ›Verdammter Mist‹. Weil ich eine Zangengeburt war und meine Mutter als Erstes ›Verdammter Mist!‹ sagte, als sie mich sah. Mein Kopf war total deformiert von der Zange.«

»Glaub ich nicht.« Sie nahm skeptisch einen tiefen Zug aus ihrem Bierglas.

»Stimmt ja auch gar nicht. Lo heißt auf Thailändisch in Wirklichkeit ›Kirschsaftschorle‹.«

»Lo! Komm, verarsch mich nicht. Wie heißte wirklich?«

»Doch, hier …«, sagte ich entschieden, holte eine Visitenkarte aus meinem silbernen Etui und reichte sie ihr.

Sie schaute erst die Karte an und dann in mein Gesicht. Ich bemühte mich um gelangweilte Mimik, nahm einen großen Schluck Bier und wartete auf ihre Reaktion.

»Graf bist du?«, fragte sie erstaunt. Sie überlegte.

Ich nickte lässig und zeigte auf mein altes schwarzes Miele-Fahrrad, das an einem Zaun lehnte. »Und da ist mein Rappe, mit dem ich allabendlich meine Ländereien abreite.«

Sie lachte und kramte aus ihrer Handtasche eine Schachtel Marlboro-Lights hervor. Umständlich zog sie eine Zigarette heraus und kramte weiter nach einem Feuerzeug. Sie schob mir die Schachtel hin. »Willste auch?«

Ich schüttelte den Kopf und gab ihr zu verstehen, dass ich seit vier Jahren glücklicher Nichtraucher bin und ihr deshalb leider auch kein Feuer geben könne. Sie schaute erschrocken und wollte die Zigarette wieder zurückstecken.

»Nein, rauch ruhig. Ich bin toleranter Nichtraucher.«

»Und ich tolerante Raucherin.« Sie suchte immer noch vergeblich nach Feuer.

Da sah ich, dass am Nachbartisch der Peer-Steinbrück-Verschnitt neben seinem halb leeren Pilsglas ein Feuerzeug auf seiner Packung Stuyvesants liegen hatte. Ich stand auf, ging zu ihm und fragte höflich danach.

»Wiedersehen macht Freude, wa?«, sagte der Amselhasser streng.

»Ja, kriegen Sie gleich wieder«, sagte ich beruhigend, ging zu Adriana und hielt ihr das brennende Feuerzeug hin.

Dabei hielt sie meine Hand fest und ich konnte einen erhellenden Einblick in ihr tiefes Dekolleté ergattern. Als sie glaubte, dass ihre Zigarette nun brannte, gab sie mir ein paar leichte Klapse auf die Hand: Genug Feuer.

Schade. Ich hätte gern noch etwas länger geguckt.

Ich brachte das Feuerzeug zurück. »Danke.«

»Kein Thema«, sagte Peer Steinbrück jovial. Ich musste mir wieder mein Lachen verkneifen und ging zurück zu Adriana.

»Warum grinst du so?«, fragte sie und musterte mich über die Zigarette hinweg.

»Ach nix.«

»Was machst du eigentlich so?«

»Ich bin Maler.«

»Ah, so.«

»Ich male seit circa vierzig Jahren Bilder und habe bisher kaum etwas davon verkauft.«

»Das ist auch 'ne Leistung«, sagte sie desinteressiert.

Das Thema nervte mich. »Wahrscheinlich bin ich meiner Zeit voraus«, sagte ich trotzig.

Früher hatte ich ein Atelier von etwa dreißig Quadratmetern. In der Mitte des Raumes stand meine Staffelei. Nach ein paar Jahren kamen mir die Wände bedrohlich näher, weil ich die fertig gemalten und nicht verkauften Bilder immer voreinander an die Wände stapelte. So verkleinerte sich mein Atelier immer mehr und ich hatte hinterher nur noch knapp zwei Quadratmeter Arbeitsfläche. Ich gab das Atelier auf und verteilte die Bilder in meinem Bekanntenkreis.

Maler ist ein schwieriger Beruf, von dem man eigentlich nicht gut leben kann. Aber das wird einem beim Studium nie gesagt. Heute male ich deshalb nur noch kleinformatige Bilder. Das hat den Vorteil, dass man eine komplette Ausstellung in einem großen Koffer unterbringen kann, und ich muss nicht wie früher mit einem teuren Miet-Lkw zu Ausstellungen fahren, wo ich schlussendlich zwar gute Kritiken bekomme, aber nichts verkaufe. Das ändert sich hoffentlich jetzt, da ich Graf bin. »Fürst-Metternich-Sekt« verkauft sich ja auch besser, als wenn er nur »Metternich-Sekt« heißen würde.

»Eigentlich siehste nicht aus wie ein Maler. Mehr wie ein Graf, mit deinem Bärtchen und den gepflegten Händen und dem Ring«, sagte Adriana und nippte an ihrem Bier.

Ich fühlte mich geschmeichelt und juchzte innerlich. Außerdem war ich froh, dass sie mich nicht weiter über das leidige Thema meiner Malerei ausfragte. Das Menjou-Bärtchen, das ich mir in letzter Zeit hatte stehen lassen, zeigte wohl jetzt Wirkung.

»Tja, Männer mit schmalen Bärtchen sind wilde Küsser«, meinte ich. Diesen Satz sagte einmal die neunundachtzigjährige Nachbarin meiner Mutter zu mir, als sie mein Bärtchen bemerkte.

Adriana seufzte und schaute mich gedankenverloren an, als wenn sie sündhaft teure Schuhe im Schaufenster gesehen hätte und nun überlegt, ob sie sie wohl kauft, obwohl sie schon ein ähnliches Paar davon zu Hause hat.

»Ach Berlin …«, schwärmte sie, und riss sich wieder aus ihrer Gedankenwelt, »… da lernt man immer die verrücktesten Leute kennen.«

»Ich fühl mich aber ganz normal.«

»Das sagen alle Verrückten.«

»Vielleicht«, sagte ich und fragte sie neugierig: »Und was machst *du* so?«

»Saftschubse.«
»Was?«
»Flugbegleiterin.«
»Ach so.«
»Ich hab mich gerade bei Air Berlin beworben.«
»Aha. Hat's geklappt?«
»Weiß noch nicht, ich krieg schriftlich Bescheid. Morgen früh fliege ich wieder zurück nach München.«
Schade, dachte ich.

Die Sonne war hinter den hohen Bäumen verschwunden und langsam senkte sich die Dunkelheit über den Tiergarten. Die Gartenbeleuchtung ging schon an, der See glitzerte geheimnisvoll und ein paar Enten schnatterten noch mal laut, bevor sie sich zur Ruhe begaben. Meine beiden Fliegen schliefen bestimmt schon längst ihren Rausch aus und die Amsel war sicherlich ebenfalls schon in ihrem Nest. Auch der Platz von Peer Steinbrück war verwaist.

Adriana sprang plötzlich auf. »Ich hab Hunger. Komm, lass uns was essen.«

Angesichts meiner finanziell angespannten Lage druckste ich ein wenig herum. Zu Hause wollte ich mir später noch eine Dose Ölsardinen kredenzen, die einsam und verlassen in meinem Kühlschrank stand.

»Oh ... äh ... ich weiß nicht ...«
Adriana kapierte sofort.
»Ich lad dich ein. Komm, Kirschsaftschorle!«, sagte sie frech.

Sie sah nicht nur gut aus, sondern hatte auch noch Humor. Das gefiel mir und ich war froh, dass das Hungerproblem für den heutigen Abend gelöst war. Sie schubste mich an und hakte sich unter. Der Körperkontakt mit ihr tat gut.

»Okay, Saftschubse«, sagte ich gut gelaunt.

Da sie in einem Hotel am Kurfürstendamm wohnte, beschlossen wir, dort ein Restaurant aufzusuchen.

Sie kritzelte mir ihre Handynummer auf einen Bierdeckel, »falls wir uns verpassen«, fuhr mit dem Taxi vor und ich mit dem Fahrrad hinterdrein. Ich fahre sehr gern Fahrrad, das ich manchmal ITS, »Ich Trete Selbst«, nenne.

Adriana und ich aßen in einem Steakrestaurant am Ku'damm. Wir erzählten uns allerlei Anekdoten aus unserem Leben und es war sehr kurzweilig. Danach lud ich sie auf ein Eis ein. So viel Geld hatte ich gerade noch, dachte ich.

In einer Häagen-Dazs-Eisdiele bestellten wir uns jeder ein Eis – total überteuert! Ich ärgerte mich, denn damit hatte ich nicht gerechnet, mein letztes Eis hatte ich mir kurz vor der letzten Währungsumstellung gekauft, und Geld war bei mir eben knapp.

Sie nahm je zwei Kugeln mit Erdbeer und Vanille und ich angesichts des hohen Preises nur eine Kugel einer unaussprechlichen Sorte auf Schokoladenbasis. Als ich bezahlte, musste Adriana mir noch einen Euro dazugeben. Äußerst peinlich.

Dann schauten wir uns, Eis schleckend, auf dem Ku'damm amüsiert die Auslagen in den Schaufenstern der megateuren Geschäfte an. Wir machten uns lustig über schlecht gekleidete Frauen mit Dolce&Gabbana-Tüten, die auf Russisch in ihr Handy sprachen. Es war anregend, mit ihr über den ehemaligen Prachtboulevard West-Berlins zu flanieren.

Zwischen uns war in nur wenigen Stunden eine Vertrautheit entstanden, dass man, wenn auf dem Ku'damm nicht ständig spätpubertierende Jungs mit ihren aufgemotzten 3er-BMW vorbeikajohlten, ein eigenartiges erotisches Knistern hätte hören können, das sich von Minute zu Minute intensivierte. Es stellte sich verstärkt das Bedürfnis ein, dieser Zuneigung über gewisse körperliche Unternehmungen Ausdruck zu verleihen.

Wir schlenderten zu ihrem Hotel und blieben dann schüchtern und unsicher wie die Kinder davor stehen. Adriana schenkte mir ein bezauberndes Lächeln, das ich bis tief in mein gräfliches Fortpflanzungsorgan spürte. Sie schaute mich mit ihren braunen Kulleraugen an und auf ihren Lippen blühte die Lust ...

Ich war nervös wie eine Tasse Kaffee.

»Darf ich dir noch meine Mini-Bar zeigen, Graf?«, säuselte sie mit gespielt-verruchter samtener Stimme.

»Aber gerne, Madame«, flirtete ich zurück, »ich liebe Mini-Bars. Ich bin geradezu vernarrt in sie.«

Dann fügte ich nach einer Kunstpause hinzu: »Und in ihre Besitzerinnen.«

Wahnsinn! Meine Gehirnzellen sprangen vor Freude herum wie Popcorn in einem heißen Topf, mein Herz machte Bu-Bum Bu-Bum Bu-Bum wie zur Loveparade auf der Straße des 17. Juni und in meinem Magen schien sich das Hundertachtzig-Gramm-Rumpsteak mit Barbecuesoße in einen Haufen Schmetterlinge verwandelt zu haben.

Zum Glück hatte Adriana ihren Zimmerschlüssel schon dabei und wir schlichen uns an der Rezeption des Hotels vorbei, wo eine Gruppe Chinesen gerade eincheckte und zu unserem Glück den Portier ablenkte. Wir fuhren mit dem Fahrstuhl in den dritten Stock und schwebten lautlos über weiche Teppiche in das Zimmer 312.

Nach der kurzen Besichtigung der Mini-Bar, bei der zwei Piccolos ihr Leben lassen mussten und einigen anschließenden heißen Küssen aus einer Mischung von Erdbeer/Vanille/Marlboro-Light-Geschmack entwickelte sich eine wilde, erotische Begegnung. Obwohl ich den Antilopenritt perfekt beherrsche, verzichtete ich auf Kamasutra-Stellungen und andere Experimente, Adriana musste am nächsten Morgen schließlich früh aufstehen. Unsere Nacht endete in konvulsivischen Zuckungen – ohne das Wort kam in den Siebzigerjahren kein erotischer Roman aus –, nach denen wir beide ermattet einschliefen.

Am nächsten Morgen wurde ich, nach einer viel zu kurzen Nacht, durch ein eigenartiges Geräusch wach. Ich blickte auf und erkannte erst nach einer Weile, wo ich mich befand. Ich schaute auf die Uhr. Es war kurz vor sieben. Viel zu früh für mich. Besagtes Geräusch hörte sich an, als wenn jemand mit den Lippen schnalzte.

Und wo war Adriana? Der Platz neben mir im Bett war leer.

Ich schaute mich müde im Hotelzimmer um und meine noch verquollenen Augen entdeckten sie nackt auf dem Teppichboden.

Sofort wurde ich etwas wacher. Sie machte völlig ungeniert komische Turnübungen – es war ein schöner Anblick, ihren wohlgeformten Körper so zu sehen und langsam wurde auch das gräfliche Fortpflanzungsorgan wieder wach.

Als sie bemerkte, dass ich nicht mehr schlief, sagte sie, ohne ihre Turnübungen zu unterbrechen: »Morgen, Graf.«

»Morgen. Was machst du da?«

»Pilates.«

»Was ist das denn?«

»Ein Körpertraining. Für meine Muskulatur.«

»Ach so.«

Auch während sie sprach, war das schnalzende Geräusch noch da. Ich rätselte, was das wohl war. Vielleicht der Teppichboden? Nein. Oder hat sie ein Tier, vielleicht einen Zwergpinscher, den ich gestern infolge benebelter Sinne nicht bemerkte? Aber ich sah kein Tier.

Dann änderte sie ihre Position, sodass ich zwischen ihre sonnengebräunten, schlanken Beine sehen konnte. Da kam ich dem Geheimnis auf die Spur!

Es war ... man glaubt es nicht ... ihre ... nun ja ... genau das!

Und durch die Bewegungen ihrer Beine entstand dieses Geräusch.

Nachdem wir daraufhin noch einmal unter der Dusche unsere konvulsivischen Zuckungen zusammen vollführten, zogen wir uns an. Dann schlichen wir uns wieder unauffällig an der Rezeption vorbei und verabschiedeten uns schnell, denn Adrianas Taxi zum Flughafen wartete schon.

Jeden Tag verlässt eine ganze Kleinstadt Berlin. Von Tegel und Schönefeld starten täglich 350 Flugzeuge mit über 25 000 Passagieren – eine davon war heute Adriana, dachte ich.

Noch etwas verschlafen stieg ich auf meinen Rappen und ritt nach Hause. Wie immer schloss ich ihn an eine Laterne und legte ein Fisherman's Friend Extra Stark darunter, um Hunde davon abzuhalten, ihre Notdurft direkt an meinem Fahrrad zu verrichten. Denn da der Hund 220 Millionen Riechzellen hat, der Mensch dagegen nur fünf Millionen, kann man sich vorstellen, dass ein Hund solche Orte meidet. Danach legte ich mich in meiner Kathedrale des erotischen Elends bis mittags schlafen.

Doch ich konnte Adriana nicht vergessen. Am Nachmittag fuhr ich in mein Stammcafé zum Konditern.

Ich wartete schon seit Wochen, dass es mal wieder den grandiosen Mohnkuchen gab. Aber die nette Besitzerin bedauerte, dass sie mir heute wieder keinen servieren konnte. Kein Wunder, dachte ich, nach all den Katastrophen war es nur eine Frage der Zeit, bis uns eine Mohnkrise heimsucht. Ich aß stattdessen ein Stück Chocolat Royal und hörte dabei »Love Is a Losing Game« von Amy Winehouse.

Ich schaute mich um. Das übliche Publikum. Unausgefüllte fünfzigjährige geschiedene Frauen mit viel Zeit und unrasierte Freiberufler, die das kostenlose und reichhaltige Zeitungsangebot nutzten. Am Tisch neben der Tür saß wieder wie stets eine Frau mittleren Alters mit hexenhaft abstehenden, grauen Haaren, die immer wie besessen und manisch in akkurater Schrift wieselflink irgendetwas in einen Schreibblock kritzelte, um alle zwei Minuten den Zuckerstreuer gerade zu rücken. Nach einer Stunde war der Schreibblock voll. Ich nannte sie »Frau Dr. Mabuse«. Sie erinnerte mich an den Film *Das Testament des Dr. Mabuse* von 1962.

Man vermutete, dass sie aus der nahe gelegenen Psychiatrie der Schlossparkklinik kam und Freigängerin war. Ich hatte etwas Angst vor ihr, denn wenn man Blickkontakt mit ihr bekam, wurden ihre Augen klein wie Stecknadelköpfe und ihr Blick war so stechend, dass man einen Schmerz zu verspüren glaubte.

Dann zahlte ich und fuhr mit meinem Rad zum Lietzensee in das Strandcafé und bestellte ein Weizenbier. Erst bewunderte ich den Sonnenuntergang, dann schloss mich die beruhigende Dunkelheit ein. Der illuminierte Berliner Funkturm spiegelte sich im See, doch ich konnte heute den schönen Anblick nicht richtig genießen – ich musste immer wieder an Adrianas braune Kulleraugen denken.

Ich kramte den Bierdeckel mit ihrer Handynummer hervor und überlegte. Soll ich? Oder soll ich nicht? Ich hatte Sehnsucht nach ihrer samtenen Stimme.

Dann gab ich mir einen Ruck. Ich tippte mit zitternder Hand ihre Nummer in mein Telefon. Es tutete …

»Ja? Hallo?«, meldete sich eine tiefe Männerstimme. Ich war verwirrt.

»Ja, äh ... ich ... ich hätte gerne Adriana gesprochen.«

»Meine Frau hat heute Dienst ...«, erklärte der Mann, »... kann ich was ausrichten?«

»Nein«, sagte ich und drückte das Handy aus.

Meine große Fliege ist verheiratet, dachte ich enttäuscht. Wahrscheinlich mit einem hässlichen dicken schwarz-metallisch glänzenden Brummer ...

Einige Zeit später fragte mich Thomas, dessen Bruder Bertram Engel der Schlagzeuger von Udo Lindenbergs Panikorchester ist, ob ich zu einem Udo-Lindenberg-Konzert mitkommen möchte. Er habe zwei Backstage-Karten. Gratis – und wie ich wollte!

Da kamen Erinnerungen hoch. Thomas und Bertram waren in den Siebzigerjahren die Gründer der legendären Politrock-Band Gebrüder Engel, für die ich die Plattencover gemalt hatte. Und da ich Udo und einige Musiker des Panikorchesters aus Münster, meiner Geburtsstadt, kenne, ist es jedes Mal schön, alle gesund und munter wiederzusehen.

In der Münsteraner Kneipe *Neuer Krug* von Bassist Steffi Stephan, betrieb ich früher im Hinterzimmer eine kleine Galerie, wo ich mich hauptsächlich selbst ausstellte. Ich fuhr einen ausrangierten Leichenwagen und war stadtbekannt. Jede Ausstellungseröffnung in meiner Galerie war ein rauschendes Fest und es wurden zum Bier Schnäpse wie »Saurer Paul«, »Persiko« oder »Appelkorn« getrunken und orientalische Nervengifte aller Art bis zur Halluzination inhaliert. Ein befreundeter Maler behauptete einmal nach dem zigsten Joint, im Hinterhof stände der Schnellzug nach Paris abfahrbereit.

Als einmal Peter Maffay am Anfang seiner Karriere nach einem Gig in meiner Galerie verweilte, hat er ein kleines Ölbild von mir gekauft. Als ich ihn Jahrzehnte später einmal in Berlin auf einer Klubtour im *Postbahnhof* wieder traf, beteuerte er mir Minuten vor dem Auftritt, dass mein Bild das erste und das letzte wäre, dass er je von einem Künstler erworben habe und dass es ihn all die Jahre begleitet und ihm vielleicht auch etwas Glück gebracht habe. Er behüte es wie einen kleinen Schatz, versicherte er mir, während das Publikum schon ungeduldig nach ihm rief. Da sagte jemand zu ihm: »Mach sie fertig, Peter!« Daraufhin seine Antwort: »Im Moment machen *sie* mich fertig.«

Im *Neuen Krug* und später nebenan im *Jovel*, einem alten Kino, haben wir auch immer schöne After-Show-Partys von Udos Tourneen gefeiert. Mit dabei waren die Catcher Otto Wans und Klaus Kauroff, Elli Pirelli, Rudi Ratlos und viele Musiker. Oft wurden noch spätnachts Sessions gemacht, bei denen Lindenberg Schlagzeug spielte und das Idol meiner Jugendzeit, Eric Burdon, sang. Allerdings im Sitzen, weil er schon dermaßen besoffen war, dass er sich auf einen Stuhl setzen musste, um nicht umzufallen. Nicht umsonst war sein Spitzname »Eric Bourbon«. Herrlich war das! Wo sind sie hin, die schönen Jahre?

Udos Schwester Inge und Steffi Stephan haben mir außerdem mal sehr geholfen und mir Unterschlupf gewährt, als ich als Kunststudent aus einem besetzten Haus rausgeschmissen wurde, weil es abgerissen werden sollte.

Nun konnte ich wieder an die alte Zeit anknüpfen. Es war Udos »Stark wie zwei«-Tournee 2008, seine CD war erstmalig auf Nummer eins und jeder hat ihm das gegönnt, weil er ein guter Mensch ist. Und natürlich weil die Musik von ihm toll ist.

Wir kamen also an der Max-Schmeling-Halle an und wurden sofort von einer sehr netten Road-Managerin in Empfang genommen und hinter die Bühne gebracht, wo wir von den Panik-Musikern mit großem Hallo und heller Wiedersehensfreude begrüßt wurden. Ich erzählte allen von meiner Verwandlung zum Graf und verteilte Visitenkarten.

Besonders herzlich wurde ich deshalb von Carola Kretschmer begrüßt, die früher Thomas hieß und acht Jahre lang Lindenbergs Sologitarrist war, bis er sich zur Frau umwandeln ließ. Udo nannte ihn damals immer wegen seines brachialen Gitarrenspiels den »Tiger von Eschnapur«. Heute ist sie eben die »Tigerin von Eschnapur«.

Dann ging der stets sonnenbebrillte Bodyguard Eddy Kante

mit uns in Richtung Udos Garderobe, vorbei an einer jungen hübschen Frau, die auf dem Boden saß, ein Notebook auf ihren Knien hatte und etwas tippte. Sie hob ihren Kopf und schaute uns neugierig an, ich lächelte ihr zu und sie lächelte nett zurück.

Eddy Kante, der gar nicht so böse ist, wie er manchmal dreinblickt, geleitete uns höflich in die schlichte Garderobe, wo Udo mit ein paar Leuten auf einem Sofa an einem Couchtisch saß. Wir begrüßten uns freundschaftlich. »Noch zehn Minuten bis zum Auftritt!«, rief da schon eine Stimme, und wir gingen wieder raus in den Flur, wo sich alle Mitwirkenden bereits versammelt hatten. Und auch die nette junge Frau mit dem Notebook war dabei. Jetzt allerdings ohne Computer. Die Musiker hatten alle ihre blinkenden Sender hinten am Gürtel und Lampenfieber machte sich breit, das auch mich ansteckte.

Dann bewegte sich der Tross von Musikern, Udo und Mitarbeitern in Richtung Bühne. Wir gingen, laut plappernd wie eine ausgelassene Schulklasse am Wandertag, einen endlos langen, weiß gestrichenen, nüchternen Gang entlang. Plötzlich geriet alles ins Stocken. Es war eine Sackgasse! Es ging nicht weiter. Der Gang endete hier. Alles wieder zurück. Irgendjemand anderes übernahm nun das Kommando. Ein anderer Gang. Am Ende öffnete jemand eine Tür, in der Hoffnung die Bühne erreicht zu haben, aber – es war eine Abstellkammer mit Putzutensilien. Noch einmal ging es lärmend und plappernd zurück, bis wir am Ende eines anderen Ganges von Weitem einen Mann vom Wachschutz sahen.

Jemand rief ihm zu: »Wo geht's denn hier zur Bühne?«

Der Wachmann glotzte uns träge an wie eine Kuh mit Rinderwahnsinn.

»Wat für 'ne Bühne?«, berlinerte er.

»Die Bühne von Udo Lindenberg«, erklärte man ihm.

»Wer issen det?«, fragte er glubschäugig. Dabei sah er so abweisend aus, als hätten wir ihn gefragt, ob er uns mal eben fünfzig Euro leihen könnte. Lindenberg lachte.

Wir ließen den Mann stehen und fanden dann endlich im vierten Anlauf über eine Seitentür die Bühne, wo wir schon von den Technikern und Roadies ungeduldig erwartet wurden. »Wo bleibt ihr denn?« Auch aus Richtung Publikum hörte man fordernd laute »Udo! Udo!«-Rufe.

Nun weiß ich endlich, warum Rockkonzerte immer später als angekündigt beginnen – das liegt an den langen unübersichtlichen Gängen der Veranstaltungshallen.

Das Konzert war sensationell gut, und Udo war in Topform. Körperlich und stimmlich. Sogar mein Lieblingslied »Cello« sang er, bei dem ich immer mit den Tränen kämpfen muss, weil ich in den Siebzigerjahren eine ähnliche unglückliche Liebe erlebt habe. Nur dass meine Klavier spielte. Bei melancholischen Liebesliedern ist der Meister eben unerreicht.

Ich stand hinter der Bühne und beobachtete interessiert, was während des Konzerts hinter den Kulissen so alles vor sich ging. Komparsen wurden für den nächsten Auftritt eingekleidet, Gitarren wurden gestimmt und Roadies huschten geduckt hin und her, wobei ich mich fragte, ob sie auch zu Hause aus alter Gewohnheit so geduckt laufen, zum Beispiel wenn sie mal zum Kühlschrank gehen, um sich ein Bier zu holen.

Nach einer Weile wurde von Udo draußen auf der Bühne eine Sängerin aus Holland angekündigt. Ellen ten Damme. Den Namen hatte ich bisher noch nie gehört. Ich ging vor die Bühne und als ich genauer hinsah, erkannte ich sie – es war die junge hübsche Frau mit dem Notebook!

Sie schlug ein Rad nach dem andern und sang hervorragend. Bei dem Song »Der Deal« war die temperamentvolle Ellen Udos Duettpartnerin. »Richtige Liebe ist, sein wir mal ehrlich, richtige Liebe ist viel zu gefährlich …«, sangen die beiden.

Das Konzert endete in einem fulminanten Schluss und Zugabenteil.

Danach ging es noch in einen kargen fensterlosen Raum hinter die Bühne zu einer Backstage-Party. Es gab Alkohol in Hülle und Fülle und es wurde geraucht, als würde es am nächsten Tag keine Zigaretten mehr geben.

Langsam trudelten die Ehrengäste ein, die sich das Konzert von der Halle aus angesehen hatten, darunter der unterhaltsame

Schriftsteller Benjamin von Stuckrad-Barre, den ich sehr mag. Er begrüßte mich allerdings etwas unterkühlt, weil ich ihn mal in einer Rezension für eine große Satire-Zeitschrift heftig attackieren musste, obwohl ich zuerst eine wohlwollende Kritik geschrieben hatte. Aber der zuständige Redakteur wollte es so, weil der ihn hasste. So musste ich meine begeisterte Lobeshymne in eine niederschmetternde Kritik umwandeln, weil ich sonst kein Honorar bekommen hätte.

Als die Luft etwa die Dichte eines Räucherofens erreicht hatte, flüsterte mir Bassist Steffi Stephan verschwörerisch ins Ohr: »Wir fahren jetzt zur After-Show-Party ins *Kempinski*. Kommste mit? Aber keinem davon erzählen.« Ich freute mich, toll, ins noble *Kempinski*! Da wollte ich schon immer mal hin.

Da ich mich mit Elvira Bach, die wie ich auch in Partylaune war, sehr nett unterhalten hatte, war sie die Einzige, der ich etwas verriet.

Ich konnte mit dem Bandbus mitfahren, der vor einer Absperrung stand, hinter der viele Fans warteten und jedes Mal applaudierten, wenn jemand einstieg. Auch bei mir. Obwohl die mich nicht kannten. Ich fühlte mich geschmeichelt.

Im Luxusbus, der schwarze, undurchsichtige Scheiben hatte, sodass man nicht hineinschauen konnte, machten wir es uns in der üppigen Sitzgruppe gemütlich und plauderten über alte Zeiten. Dabei bedienten wir uns aus dem Kühlschrank mit geistigen Getränken und ich genoss die Fahrt durch das nächtliche Berlin. Die regennassen Straßen sahen aus wie frisch lackiertes Ebenholz, auf dem sich die Lichter der Millionenstadt spiegelten und der Bus glitt fast lautlos darüber hinweg.

Am *Kempinski* angekommen, ging es sofort raus und in die Hotelbar. Der Busfahrer rief uns noch hinterher: »Morgen Punkt zwölf ist Abfahrt!«

Aber das galt ja nicht für mich.

In der überfüllten *Bristol Bar* des *Kempinski* spielte ein mittelmäßiger Alleinunterhalter auf einer Orgel mit elektronischem Computerschlagzeug Schlagermelodien, als wäre man auf einer Feier eines Kaninchenzüchtervereins in Wanne-Eickel.

Das tat so weh, ich hatte noch die tolle Musik von Udo im Ohr. Plötzlich stand Ellen ten Damme neben mir! Sie sah mich mit ihren grünblauen Augen so intensiv an, dass ich das Gefühl hatte, als würde gerade sämtliches Blut meines Körpers in das gräfliche Zeugungsorgan gepumpt.

Nur mühsam fanden wir in einer Ecke Platz, das Panikorchester und ihre Begleiter überhaupt erst, als man in Eigeninitiative mehrere Sessel und Tische kreuz und quer zusammenschob. Niemand von der Bar kam uns dabei zu Hilfe. In den Ecken stapelten sich Mäntel, Jacken und Taschen, sodass es in der teuer ausgestatteten Bar aussah wie in einem Flüchtlingslager in Bangladesch. Die Kellnerinnen, mit denen man Mitleid bekam, brauchten ewig, bis sie unsere Bestellungen brachten, um sie dann am Ziel auf den Boden krachen zu lassen.

Ellen ten Damme hatte mir schließlich an der Bar ein Bier organisiert und als sie es mir reichte, waren ihre Blicke wie frischer Schnee. Wir prosteten uns zu.

Mir wurde es langsam unheimlich. Hatte ich plötzlich so eine starke Ausstrahlung auf Frauen? Habe ich doch sonst nicht. Oder hat ihr jemand gesteckt, ich wäre ein Graf? Oder beides? Ich malte mir aus, mit ihr in ihr Hotelzimmer zu gehen. Erfahrungen mit Hotelzimmern hatte ich ja neuerdings.

Wir unterhielten uns sehr nett und ich erfuhr, dass Ellen in Holland als »der weibliche Herman Brood« gehandelt wird. Als sie erfuhr, dass ich den verstorbenen Herman Brood noch kennengelernt hatte, weil ich mit Steffi Stephan und meinem, auch leider viel zu früh verstorbenen Freund und Künstler Roxie Heart in Münster die »Scheinheilige Nacht« gegründet hatte und Brood da gern am 24. Dezember traditionell ein Konzert gegeben hatte, wurde unser Gespräch noch intensiver. Ich erzählte ihr von einem Drehbuch, an dem ich gerade arbeitete, und dass ich in Amsterdam auch einmal eine Freundin und eine Ausstellung hatte.

Da die Kellnerinnen dem Wahnsinn nahe waren, bestellte ich die nächsten Getränke direkt an der Bar. Ein unfreundlicher jüngerer Herr im dunklen Anzug, vermutlich der Barchef, fragte barsch:

»Gehören Sie etwa auch zu denen?«, und machte eine abfällige Kopfbewegung in Richtung Panikorchester. Sein Gesichtsausdruck verriet, dass er uns alle nicht mochte.

Als ich bejahte, sagte er unfreundlich: »Zehn Euro!«

Ich fragte, warum er so unfreundlich sei, aber er wiederholte wie ein Roboter: »Zehn Euro!«

»Warum sind Sie denn so unfreundlich?«, wiederholte ich ebenfalls meine Frage.

»Zehn Euro!«

»Warum sind Sie denn so unfreundlich?«

»Zehn Euro!«

»Wollen Sie es mir nicht sagen?«

»Zehn Euro!«

Ich gab auf, reichte ihm einen Zehn-Euro-Schein und er knallte mir die beiden schlecht gezapften Biere auf den Tresen, sodass sie überschwappten und der Schaum am Glas herunterlief.

Dann ergab es sich, dass Ellen mir in mein Notizbuch ihre E-Mail-Adresse schrieb. Und obendrein zeichnete sie noch ein kleines winkendes Selbstporträt, unter das sie schrieb: »Grüße aus Amsterdam!«

Als sie mir mein Notizbuch zurückgab, schaute Ellen mich mit ihrem hübschen mädchengleichen Gesicht an, und ihre kastanienbraunen Haare, die sie zu lustigen Zöpfen geflochten hatte, schimmerten wie Schilfgras in einer lauen Vollmondnacht. Als sie sah, dass ich mich über ihre Zeichnung freute, lächelte ihr weicher Mund, der mich an Mäusespeck vom Rummelplatz erinnerte, und ihre blaudiamantenen Augen lullten mich förmlich ein.

Ich war hin und weg und sah mich schon Sekt trinkend in ihrem Hotelzimmer sitzen. Das Gedudel des Alleinunterhalters klang in meinen Ohren nun wie die Strauß'sche Ouvertüre der *Fledermaus*, gespielt vom London Philharmonic Orchestra. Ich gab ihr meine Visitenkarte, die sie, ohne darauf zu achten, in ihre Tasche steckte, als wisse sie bereits, mit wem sie gerade spreche.

Doch da passierte es! Unheil nahte!

Der Gitarrist Hannes Bauer, der uns schon eine Weile von Weitem aus der Flüchtlingslager-Ecke beobachtet hatte, stand plötzlich auf und ging langsam auf Ellen zu.

Dann, während er auf mich zeigte: »Du – das ist nicht Wim Wenders.«

Das war es also!

In mir fiel alles zusammen.

Meine Gedanken wirbelten durcheinander wie Plastikgartenstühle in einer Windhose. Sie schien wirklich geglaubt zu haben, ich sei der Regisseur Wim Wenders. Dabei habe ich, abgesehen von der schwarzen Hornbrille, nicht viel Ähnlichkeit mit ihm. Ich musste es wissen, schließlich füllte ich 1987 in seinem Film *Der Himmel über Berlin* eine kleine Komparsenrolle aus.

Ellen zeigte keine Reaktion auf diesen Faux pas. Sie hat Stil. Wir haben uns noch eine Weile unterhalten, aber alle Erotik war verflogen wie die Luft aus einem Ballon mit Loch.

Und auch die Musik war jetzt wieder grottenschlecht wie eh und je. Es war nun wirklich spät geworden und höflich verabschiedete sich Ellen von mir und versprach, dass wir noch per E-Mail Kontakt halten würden, was wir später auch taten.

Ich ging dann durch die Hotelhalle, wo der müde Udo noch mit ein paar Leuten auf einem Sofa mehr lag als saß und von dem Chaos in der *Bristol Bar* nichts mitbekommen hatte. Ich verabschiedete mich von ihm und bedankte mich für den »schönen« Abend.

Draußen regnete es in Strömen. Ich ließ mir von dem Hotelportier ein Taxi heranwinken, das dann mit mir durch den peitschenden Regen raste. Die Scheibenwischer schlugen hektisch hin und her und das Regenwasser der Pfützen klatschte laut an das Bodenblech, als führen wir bei Windstärke zwölf auf dem Atlantischen Ozean. »Richtige Liebe ist, sein wir mal ehrlich, richtige Liebe ist viel zu gefährlich …«, dudelte das Radio. Stimmt, dachte ich.

Ich ließ den Abend Revue passieren. Als ich an den unhöflichen Barmann dachte, kam ich zu dem Schluss, dass das *Kempinski*, in dessen Rücken übrigens auch die *Paris Bar* liegt, wohl nicht mehr das erste Haus am Platze ist.

Dann hielt das Taxi vor meinem Haus und ich verschwand schnell in meine Kathedrale des erotischen Elends, in der ich rasch in einen tiefen traumlosen Schlaf fiel.

Eines schönen Juniabends fuhr ich mit meinem Rad vom Ku'damm kommend nach Hause. Die Abendsonne tauchte die prächtigen Giebel der Gründerzeithäuser in goldenes Licht und es lag eine friedliche Stimmung über Charlottenburg. Ich war ganz benommen von dem betörenden Duft der blühenden Linden. Ich finde diese Zeit in Berlin immer ganz besonders schön und freue mich dann, in so einer herrlichen Stadt leben zu dürfen.

Als ich an einer mir nicht unbekannten Kneipe namens *Linde* vorbeifuhr, johlte mir schon von Weitem mein alter Freund Kutte entgegen: »Hey, Graf, olle Säule!« Er saß mit Willi, seinem besten Kumpel und einer mir bis dato unbekannten Frau draußen an einem der Tische.

Kutte winkte mir auf eine Art zu, bei der man keine Chance hat, zu widersprechen und forderte mich auf, Platz zu nehmen.

»Ick gloobe, ick hab 'ne Marien-Erscheinung, der olle Graf!«, freute er sich.

Ich stellte mein Fahrrad an eine Laterne und schloss es ab.

Kutte und Willi kannte ich noch aus alten Hausbesetzerzeiten. Beide waren Anfang vierzig. Zur Wende habe ich mal T-Shirts vertrieben, auf denen stand: »Ick will meine Mauer wieder ham.« Das war von 1989 bis 1991 der Verkaufsrenner, obwohl das nicht so geplant war. Es sollte nur ein Gag sein. Aber fast jeder wollte eines haben und da ich mit Bestellungen überschwemmt wurde und nicht alle bewältigen konnte, halfen Kutte und Willi mir dabei, sie zu verschicken. Halb Berlin lief mit dem T-Shirt herum. Wir haben damals alle gut daran verdient und wurden richtige »Mauergewinnler«. Wir waren damit sogar Talkgäste im legendären »Jugendradio DT64«.

»Is noch zu früh, um an der Matratze zu horchen, Graf.«

Ich mochte Kuttes Sprüche. Er ist im tiefsten Wedding geboren und wohnte in einem ehemals besetzten Haus in meinem Kiez. Kutte war ein Riese von Mensch, sah aus wie ein zu groß geratener Ozzy Osborne und war immer schwarz gekleidet. Seine Hände waren groß wie Tiefkühlpizzen und seit seiner Pubertät trug er einen langen dunkelbraunen Pferdeschwanz, der mit grauen Strähnen durchzogen war und mich immer an einen seltenen Baumstamm aus dem tropischen Regenwald erinnerte. Er lebte mehr schlecht als recht vom Autoan- und -verkauf. Willi war der beste Kumpel von Kutte und so etwas wie sein persönlicher Butler. Für Willi war Kutte der Größte, deshalb sagte er nie viel, sondern lachte bei jedem Witz wie Ernie aus der Sesamstraße: »Chr-chr-chr.«

Willi hatte eine Halbglatze, auf der viele Sommersprossen zu sehen waren und trug ständig dieselbe blaue Jeansjacke, aus der immer aus der linken Brusttasche ein Päckchen Tabak herauslugte. Auf den Knöcheln seiner linken Hand war tätowiert: H-A-S-E. Willi saß nämlich einmal wegen Verdachtes auf Verstoß gegen das Betäubungsmittelgesetz ein paar Tage in Untersuchungshaft. Er fühlte sich unschuldig und hasste die ganze Welt. Deshalb wollte er sich H-A-S-S auf seine Handknöchel tätowieren. An jedem Tag schaffte er einen Buchstaben. Doch als er am vierten Tag unverhofft entlassen wurde, war sein ganzer Groll verraucht. Jetzt stand auf seiner Hand aber nur H-A-S. Um dem Ganzen doch noch einen Sinn zu geben, ergänzte er zu Hause das Wort um ein E. Und so stand da eben H-A-S-E. Weil er im Chinesischen Sternzeichen Hase war, erklärte er allen, die danach fragten.

»'ne Molle für den Grafen«, rief Kutte in Richtung Theke. Dann wandte er sich mir grinsend und konspirativ augenzwinkernd zu: »Det Bier is heute extra fein gehopft.«

Mit am Tisch saß eine unauffällige, aber nicht gerade hässliche Frau von Mitte dreißig mit bleigrauen Augen, die ich noch nie zuvor gesehen hatte. Normale Figur, nur an den Hüften ein paar mollige Stellen. Gerade so, wie sie die Männer mögen und die Trägerinnen hassen.

»Ey, du bist ein Graf?«, fragte sie mich neugierig, während mein Bier gerade gebracht wurde. Es sah aus wie gemalt. Ich hatte übrigens tatsächlich mal ein Bierglas gemalt, das ich Kutte zum Freundschaftspreis verkauft habe.

»Na ja … ich …«, sagte ich zögernd, und Kutte unterbrach mich schnell. »Na klaro is der Graf. Logo. Wenn der nicht Graf ist, dann keiner.« Die Biergläser stießen glockenhell klirrend zusammen. »Erlaube mir kolossalen Achtungsschluck. Prost!« Kutte nahm einen tiefen Zug aus seinem Bierglas, das in seinen Pranken wie ein Fingerhut aussah.

Ich prostete der unbekannten Frau zu.

»Det is Miri. Willis Kusine ausm Wedding.«

Dann kamen wir auf eine auffällige junge Frau mit langen wallenden Haaren zu sprechen, die mit dem Rücken zu uns am Nachbartisch saß. Kutte raunte mir zu: »Nix für mich. Hinten Lyzeum und vorne Museum.«

»Chr-chr-chr«, stieß Willi aus.

Kutte hatte recht. Als die Frau aufstand, sah man, dass sie schon weit über sechzig war. So ist das eben in meinem alten Hausbesetzer-Kiez. Auch die Hausbesetzerinnen werden alt und merken es gar nicht. Kutte kam langsam in Fahrt und bestellte noch eine Runde.

Ich wollte widersprechen, da es erst Mitte des Monats und ich schon wieder total pleite war. In meinem Portemonnaie langweilten sich schon seit Tagen ein paar Münzen im Wert von vier Euro sechsundachtzig.

Doch Kutte ließ keinen Widerspruch gelten und seine Pranke haute auf meine Schulter, dass ich meine Schlüsselbeinknochen krachen hörte.

»Hab heute mit'ner Nuckelpinne'n paar Scheine verdient. Det müssen wa feiern. Betrachte dich als eingeladen, Graf.«

Langsam wurde es dunkel und Kutte war so richtig gut drauf. »Ick bin so jut jelaunt – ick würd am liebsten jemand verprügeln.«

»Chr-chr-chr«, machte Willi wieder stakkatohaft.

»Wat willst du denn, du Grinsblech?«, drohte Kutte Willi scherzhaft mit einem bösen Blick, worauf Willi sofort wieder verstummte.

Nach mehreren Runden war Kutte in Witze-Erzähler-Laune. »Wat is 'ne Erektion beim Dachdecker? – 'ne Dachlatte!«, oder: »Und wat is een Vakuum? Ick hab's im Kopf, aber ick komm nicht druff.«

»Chr-chr-chr«, lachte Willi jedes Mal geflissentlich.

Und so ging das immer weiter. Ich japste vor lauter Vergnügen nach Luft und auf dem Boden bildeten sich schon kleine Pfützen von meinen Lachtränen.

Miri zauberte plötzlich ein anheimelndes Lächeln auf ihre Lippen und fragte mich: »Biste echt ein Graf? Wirklich?«

»Ey, haste 'ne Pizza im Hörlappen? Na logo is det 'n Graf!«, brüllte Kutte Miri an und bestellte jetzt »Zwei-Phasen-Reiniger für alle«: Bier und ein Schnaps namens »Wütendes Hündchen«. Das ist eine Mischung aus Wodka, Himbeersaft und scharfer Tabascosoße. Wenn er gut gemacht ist, sieht das Glas aus, als wäre es von innen beleuchtet. Das kommt durch eine chemische Reaktion, denn der Himbeersaft formt sich im Glas zu einer Kugel.

Da ich noch nicht viel im Magen hatte, begannen schnell meine Lampen zu glühen und ich wurde lustig. Und leichtsinnig.

Ich reichte Miri mit einer großen Geste meine Visitenkarte. Sie war begeistert.

»Cool ey.«

»Die ist heiß wie Frittenfett!«, flüsterte mir Kutte zu. »Die bläst dir ein' – aber frag nicht nach Blütenstaub.«

»Chr-chr-chr.«

Jetzt, nach mehreren »Wütenden Hündchen«, sah Miri auch nicht mehr so unauffällig aus – ja geradezu hübsch sah sie aus. Ich brachte ein Shakespeare-Zitat hervor: »Soll ich Dich einem Sommertag vergleichen, Dich, die Du lieblicher und milder bist?«

Miris bleigraue Augen glühten jetzt wie zwei Swarovski-Kristalle mit grünen Funken, und sie wollte, dass ich ihre Handynummer direkt in mein Handy eintippe. Aber da ich meine letzte Rechnung nicht bezahlt hatte, war es gesperrt und ich hatte es deshalb gleich zu Hause gelassen.

»Du hast echt kein Handy mit?«

»Nein.«

»Aber man muss doch immer erreichbar sein.«

»Unsinn, nur Personal muss immer erreichbar sein.«

»Stimmt«, entgegnete sie vollkommen ernst zu meiner Überraschung, als hätte ich gesagt, dass eins und eins zwei sind.

Kutte kriegte einen Lachanfall und schleuderte mir wieder seine riesige Pranke auf meine Schulter. »Der war jut jewesen, Graf, ho-ho-ho!«

Auch Willi machte wieder sein »Chr-chr-chr«, und Kutte warf ihm abermals einen bösen Blick zu. Wieder verstummte Willis Lachen.

»Noch 'ne Rutsche!«, schrie Kutte.

Miri kam jetzt dicht an meine Seite und ich spürte ihre warmen Oberschenkel durch den Stoff meiner Gabardinehose. Sie nahm meine Hand in die ihre, die, wie bei den meisten Frauen, kalt war, und ich ließ es willenlos mit mir geschehen.

»Schöne Grafenhände hast du. So feingliedrig. Und so warm.« Sie drehte an meinem Ring herum.

»Vorsicht!«, sagte ich. »Sonst gibt es schlechtes Wetter.« In diesem Augenblick hörte man in der Ferne ein Donnern. Es kam tatsächlich ein Gewitter auf und alle waren erstaunt. Ich am allermeisten. Ich faselte etwas von Zauberring.

Als die Kneipe schloss, bekamen wir noch ein »Wütendes Hündchen« aufs Haus und der kregele Kutte lud uns noch zu sich nach Hause ein.

»Wir gehen noch zu mir in meene Kemenate, schnell, bevor der Regen kommt.«

Gut betankt und über jede Kleinigkeit lachend, wankten wir die Christstraße hinunter. Hinter uns blitzte es schon wie auf der Berlinale am roten Teppich und der Donner grummelte leise. Als wir in die Nehringstraße abbogen, fielen bereits die ersten Regentropfen.

Wir saßen dann in Kuttes Berliner Zimmer. Ein Berliner Zimmer ist ein lang gestrecktes Durchgangszimmer mit einem meist schrägen Fenster zum Hof. Er hatte es mit Ikea-Möbeln bestückt. In einer Ecke lagen zerlesene Autozeitschriften und auf dem Schreibtisch Smådal stand sein Plattenspieler.

Ich fand, Miri sah schön aus. Wie eine Madonna auf einem Bild von Botticelli. Wahrscheinlich hatte ich sie mir schön getrunken, aber das wusste ich zu dem Zeitpunkt noch nicht.

Wir hatten es gerade noch vor dem Gewitter geschafft. Draußen blitzte und donnerte es, als wäre Krieg. Miri kuschelte sich ängstlich an mich. Kutte befahl Willi, einen Joint zu drehen und knallte eine Flasche Kümmerling auf den Tisch. »Kleene Afrischung, Leute«, und fügte grinsend hinzu: »Jut für'n Magen.«

Willi zog einen schon gedrehten Joint hervor, in den Ausmaßen eines Sportwagen-Auspuffs. In vorauseilendem Gehorsam hatte er ihn wahrscheinlich schon zu Hause gedreht.

Aus den Boxen dröhnte »Child in Time« von Deep Purple, die ich mal mit neunzehn oder zwanzig auf einem LSD-Trip live in Münster gesehen hatte.

Das Rauschkraut kreiste abwechselnd mit der Flasche Kümmerling in unserer Runde.

Von da an weiß ich nichts mehr.

Am nächsten Mittag wachte ich nackt in einem Schlafsack auf. Im selben Schlafsack lag Miri. Ebenfalls nackt! Mein Kopf brummte wie ein Doppeldecker aus dem Ersten Weltkrieg und ich hatte einen Geschmack im Mund, als wäre die ganze Nacht ein kleiner Mann mit schmutzigen Schuhen auf meiner Zunge auf und ab gegangen. Und in meinen Ohren dröhnte noch der Gesang »… uhhu-uh-hu-hu-huh …« von Ian Gillan im Ohr.

Von Willi und Kutte war nichts zu sehen.

Ich versuchte, so lautlos wie möglich aus dem Schlafsack herauszukriechen. Jede Bewegung verursachte mir Kopfschmerzen. Obwohl ich wusste, dass ich Gras in Verbindung mit Alkohol nicht vertrage, hatte ich leider mitgeraucht.

Irgendwie schaffte ich es, Miri nicht zu wecken, sie schlief wie eine Berggorilladame, und zog mich leise an. Meine schöne Gabardinehose war total zerknittert.

Ich schlich mich mit meinen Budapester Schuhen in der Hand in den Flur und als ich an der Küche vorbeiging, sah ich Willi, der auf einem Stuhl am Küchentisch saß, seinen Kopf auf den Tisch gelegt hatte, darunter als Kopfkissen eine *Bild*-Zeitung. Er schlief tief und schnarchte. Bei jedem Ausatmen verursachte das ein Flattern der Zeitungsseite, auf der ein Foto von Angela Merkel abgebildet war. Kutte war sicherlich auch noch in seinen Gemächern. Ich wollte ihn nicht wecken und schlich mich katzengleich aus der Wohnung ins Treppenhaus, wo mich ein süsslicher Kohlgeruch empfing. Aus einer Wohnung plärrte laut ein Radio. Aus einer anderen kam Hundegebell.

Draussen war die Sonne so hell wie der Blitz eines Atomschlages. Ich hatte Gott sei Dank meine Ray-Ban-Sonnenbrille dabei. Vor der Haustür zog ich meine Schuhe an. Der Gewitterregen in der Nacht hatte die Strasse gewaschen und vereinzelt lagen abgerissene Äste auf den Gehwegen. Herumalbernde Schulkinder mit bunten Schulranzen liefen an mir vorbei und hielten sich die Nase zu. Ich muss gestunken haben wie aus dem Einfüllstutzen eines Glascontainers. Schwankend fuhr ich mit meinem Rad nach Hause und kurierte dort erst mal meinen Kater aus.

Am nächsten Tag klingelte mein Telefon. »Huhu, Herr Grahaaf!« Es war Miri. Sie war, im Gegensatz zu mir, schon wieder topfit.

»Hi, ähh, ich ... äh ...«, stammelte ich und hatte schweres Sodbrennen. Das »Wütende Hündchen« gab immer noch Pfötchen.

»Du, pass auf«, ersparte mir Miri dankenswerterweise nähere Erläuterungen, »ich lad dich heute Abend zum Italiener ein, da kann ich alles erzählen, ja?«

Was denn erzählen?, dachte ich und meine Kopfschmerzen wummerten einen schnellen Beat.

In einem kurioserweise chinesisch-italienischen Lokal trafen wir uns. Mit »Hi Süsser!« begrüsste mich Miri in dem Restaurant vertraut, was mir ganz und gar nicht behagte, es klang so besitzergreifend. Ich hatte das Gefühl, als betrachtete sie mich schon als Ehemann. Menschen mit Sternzeichen Wassermann sind sehr freiheitsliebend. Wenn sie sich eingeengt fühlen, kapseln sie sich ab. Und ich bin Wassermann.

Miri bestellte nur einen Salat mit Essig und Öl und fügte entschuldigend hinzu: »Diät.« Ich nahm eine Bohnensuppe. Dabei dachte ich an den Witz von dem von mir hochverehrten Fips

Asmussen: »Ich esse immer Bohnensuppe mit Ananas – meine Frau hört doch so gerne Hawaii-Musik.«

Miri schwärmte von mir in den höchsten Tönen, von der Nacht bei Kutte. »Unsere heißen Küsse ... im Schlafsack ...«, sagte sie kichernd. »Du bist ja ein toller Küsser.«

Im Schlafsack? Küsse?

»Äh? Das gibt es doch nicht! Ich erinnere mich genau an ...«, begann ich, aber dann unterbrach ich mich selbst. Ich erinnerte mich an – *nichts*!

»Boah, du hast von dem Deep-Purple-Konzert erzählt, wo du mal warst. Wie du auf dem LSD-Trip alle Zuschauer als rosa Kühe gesehen hast. Ich konnte es mir richtig vorstellen, wie es damals war. Du hast das voll schön erzählt.«

Was hatte ich da nur alles erzählt?

»Und wie fandest du *mich*?«, fragte sie jetzt kokett.

Häh? Ich wusste immer noch nicht, was sie meinte, und traute mich nicht nachzufragen. Ich nickte nur verzweifelt.

»Irgendwie mag ich dich ein Stück weit«, himmelte sie mich an. ›Ein Stück weit‹, o wie ich das hasse, diese Art von Sprache. Sie griff meine Hand. Ihre war kalt.

Da ich mich in Miris Gesellschaft zunehmend unbehaglich fühlte und meine Menschenkenntnis mir signalisierte, nichts anzufangen, solange es noch nicht zu spät war zu verduften, gab ich vor, noch etwas Wichtiges erledigen zu müssen. Irgendwie fühlte ich mich von Miris Anwesenheit bedrängt.

Miri verlangte zögernd die Rechnung und wir bekamen vom Kellner jeder einen Glückskeks. Bei ihr stand: »Böses lässt sich leicht verrichten, aber nicht leicht wieder schlichten«, und bei mir: »Nur Geduld, die Zeit arbeitet für Sie.« Ich hoffte, dass mein Spruch so schnell wie möglich in Erfüllung ging, bedankte mich bei ihr für das Essen und verschwand nach Hause.

Tags darauf klingelte es an meiner Haustür. Durch die Sprechanlage schallte mir schnarrend ein »Huhu, Herr Gra-haaf!« entgegen. Ich dachte mir schnell eine Ausrede aus. »Kann grad nicht, habe die Handwerker.« Ich hatte wieder meine Ruhe. Vorübergehend.

Wieder einen Tag später löste ich meine Pfandflaschen bei Lidl ein. Ich war bei Freunden zu einer Grillparty eingeladen, sie wollten neue Grafen-Geschichten hören, und ich brauchte noch ein bisschen Kleingeld für einen Blumenstrauß. Zum Glück hatte ich gute Freunde und Freundinnen, die meine finanzielle Lage kannten und mich ab und zu zum Kaffee einluden oder mich liebevoll bekochten.

An der Kasse hörte ich plötzlich hinter mir: »Huhu, Herr Grahaaf!« Miri flatterte auf mich zu.

»Heute geh'n wir aber ein Bier trinken, ja?«

Sie überhäufte mich mit Küssen wie eine balzende Auerhenne. Ich wehrte sie ab und druckste herum. »Du, äh ...«

»Liebst du mich denn nicht mehr?«, fragte sie mit lauter Stimme, ohne auf die Leute zu achten.

Mir schoss das Blut ins Gesicht, weil ich bemerkte, wie die Leute und die Kassiererinnen uns grinsend beobachteten. Ich kam mir vor wie eine rote Ampel bei Berufsverkehr, und alle Autofahrer starren gleichzeitig drauf.

»Ich ... ähh ... ich muss noch was ... äh ... arbeiten. Sorry«, stotterte ich. »Heute nicht«, sagte ich dann schnell.

»Wann denn?«

»Weiß nicht.«

Ich ging eilig nach Hause. Ich wollte Miri nicht verletzen, zumal ich auch nicht sagen konnte, was genau vorgefallen war. Ich erinnerte mich ja an nichts. Warum merkt die das denn nicht, dass nichts läuft?

Am Abend duschte ich schnell und rasierte mich mit dem sündhaft teuren Rasierschaum, von dem ich nur ein wenig Gel nahm, um so lange wie möglich noch etwas von ihm zu haben. Ich schaute nach draußen, ob es regnete. Nach dem Wetter stimme ich stets meine Garderobe ab. Nein, es war trocken. Da fiel mein Blick auf einen parkenden Wagen, in dem ich eine Zigarette aufglühen sah. Es war ein Renault Twingo. Hat Miri nicht erzählt, dass sie so einen fährt? Sie scheint mich zu beobachten. Verdammt. Sie lauert mir auf wie eine Füchsin auf Beutezug. Wie komme ich jetzt zu meiner Essenseinladung?

Ich lief in meiner Wohnung hin und her. Sollte ich mich verkleiden, damit sie mich nicht erkennt? Ich hatte aus einem Scherzartikelgeschäft einen langen Rauschebart. Wenn ich dazu einen langen Mantel anziehe, unter den ich mein Kopfkissen stecke? Dann erkennt sie mich garantiert nicht. Ach, albern! Sie kennt aber mein Fahrrad, das treu und brav wie immer an der Laterne vor meinem Haus angeschlossen ist. Dann weiß sie ja, dass ich es bin.

Die Lösung war ganz einfach. Da ich in einem Eckhaus wohne, kann ich über den Hof in das Nachbarhaus gehen und komme von dort durch die Haustür auf die Straße. Aber leider konnte ich so mein geliebtes Fahrrad nicht benutzen. Egal, dann fahre ich eben mit dem Pfandgeld von Lidl mit der S-Bahn zur Party.

Eigentlich ist mir das ach so beliebte Grillen auf Terrassen und Balkonen rätselhaft und ich verstehe nicht, warum die Leute das machen. Da stehen sie hustend und eingehüllt von beißendem Qualm, als brenne eine Chemiefabrik, und grillen ihr Fleisch, bis es verkohlt ist, obwohl sie nur fünf Meter Luftlinie entfernt eine dreißigtausend Euro teure Einbauküche mit allem Zick und Zack haben. Ist es etwa der Urtrieb des Menschen, das Feuer zu beherrschen? Man weiß es nicht. Ich ging dennoch hin und ergatterte dadurch eine warme Mahlzeit.

Es wurde trotz des Grillens ein sehr lustiger Abend. Alle Gäste wollten meine neuesten Erlebnisse als frischgebackener Graf hören, die ich weinselig zum Besten gab. Als ich nachts nach Hause kam, war von Miri nichts mehr zu sehen. Nun stellte ich mein Fahrrad in den Hof, damit sie dachte, ich wäre unterwegs.

Die nächsten Tage ließ Miri sich nicht blicken. Sie dachte wohl wirklich, ich wäre nicht zu Hause. Dafür bekam ich jetzt eine E-Mail mit Liebesschwüren und mein Anrufbeantworter wurde stundenlang von ihr zugequatscht. Auch meterlange Faxe mit lauter Liebesgeschreibsel und selbst gemalten Herzchen gingen ein, bis die Tonerkassette meines Faxgerätes leer war.

Ich versteckte mich tagelang zu Hause, ging nicht mehr ans Telefon und musste leider auch auf mein geliebtes Konditern in meinem Stammcafé verzichten. Ich hatte schon Angst, aus Mangel an sozialen Kontakten das Sprechen zu verlernen.

Mir war einmal etwas Ähnliches passiert, weil ich mir das Rauchen abgewöhnen wollte und deshalb, von meiner Krankenkasse bezuschusst, in einem ehemaligen Stasi-Hotel in Zinnowitz an der Ostsee Urlaub machte. Da wurde ich am Katzentisch im Speisesaal platziert und kam so als Wessi mit den fast ausschließlich anwesenden ostdeutschen Urlaubern nicht ins Gespräch. Jedes zweite Wort, das ich hörte, war »einwandfrei« und »Plaste«.

Tagsüber saß ich mit Entzugserscheinungen nur im Strandkorb herum, weil es meistens regnete. Aus Zeitvertreib zeichnete ich meine abgekauten Nikotinkaugummis aus allen Blickwinkeln in meinen Skizzenblock. Die Selbsttherapie hat geholfen und ich bin jetzt schon fast vier Jahre Nichtraucher. Aber ein toleranter.

Zum Glück hatte ich noch ein paar Konservendosen in der Wohnung, von denen ich mich ernähren konnte. Ich glaubte, in einem Albtraum gefangen zu sein.

Doch nicht genug: Eines Morgens schaute ich vorsichtig aus dem Fenster auf die Straße, damit Miri mich nicht sah, falls sie wieder mein Haus beobachtete. Ich erstarrte! Da stand doch tatsächlich auf der gegenüberliegenden Häuserwand in fetter schwarzer Schrift:

GRAF ICH LIEBE DICH!

Das war eindeutig. Ich war gemeint und ich war stinksauer. Jetzt spricht mich jeder darauf an, dachte ich, und es wird hinter meinem Rücken getuschelt. Das wäre mir äußerst peinlich. Und was ist, wenn der Hauswirt des gegenüberliegenden Hauses erfährt, dass *ich* damit gemeint bin? Das *ich* der Graf bin. Dann muss ich womöglich noch die Reinigungskosten bezahlen. Ich bekam es mit der Angst zu tun. Vor meinem inneren Auge sah ich meine Schulden schon um ein paar Tausend Euro in die Höhe schnellen.

Ich überlegte, das Graffiti mit einem Verdünnungsmittel zu entfernen. Doch meine Erfahrung als gelernter Schriften- und Plakatmaler sagte mir, dass das nicht zum Erfolg führen würde, weil die Farbe vom Mauerputz aufgesogen worden war. Das geht nur mit einem Sandstrahlgebläse oder Spezialreiniger. Und beides hatte ich nicht in meinem Haushalt.

Dann hatte ich die Idee! Heureka, ein Geistesblitz! Ich hatte noch eine Sprühdose mit schwarzer Farbe, mit der ich des Öfteren kleine Roststellen an meinem Fahrrad überlackierte, und kramte sie hervor. Es war noch Farbe drin.

Als es dunkel geworden war, zog ich zur Tarnung pechschwarze Kleidung an, von der ich ja noch genug besaß, und ging hinunter auf die Straße. Vorsichtig schaute ich nach rechts und links. Von Miri war nichts zu sehen. Es war zu meinem Glück eine mondlose Nacht. Nur meine Straßenlaterne, an der ich immer mein Rad anschließe, war zu hell. Da ich wusste, dass die Gaslaterne ausging, wenn ich mein Fahrrad zu heftig daran stieß, trat ich kurz dagegen. Brav verlosch das Licht, vollkommene Dunkelheit hüllte mich ein. Plötzlich kam ein alter Mann in Jogginghosen und Badelatschen mit seinem, wie von Motten zerfressenen, ebenso alten Hund die Straße entlang. Ausgerechnet vor dem Graffiti musste der auf dem Boden herumschnuppern. Während der Hund für ihn sicherlich interessante Nachrichten erschnüffelte, schlich ich mich schon mal mit der Sprühdose in der Hand auf die andere Straßenseite und versteckte mich hinter einem Kleintransporter der *Bäckerei GÜMÜS*. Wäre es mit diesem Namen nicht besser gewesen, einen Gemüseladen zu eröffnen? Egal, das sollte mich jetzt nicht beschäftigen. Von der nahen Stadtautobahn schallte die Berliner Nationalhymne herüber: das Tatü-Tata eines Notarztwagens. Endlich verschwand der Mann mit dem Köter um die Ecke und ich huschte wie Phantomas zu der Häuserwand.

Ich schüttelte die Sprühdose. O Schreck! Sie klackerte laut. Daran hatte ich nicht gedacht. Doch niemand wurde auf mich aufmerksam. Ich schüttelte vorsichtig weiter. Als genug Druck drauf war, konnte ich loslegen:

STEFFI GRAF ICH LIEBE DICH!

Nur ein Wort ergänzt und ich war aus dem Schneider! Ich war stolz auf mich. Aber Miri würde ich das nie verzeihen. Mir fiel der Spruch aus ihrem Glückskeks ein: »Böses lässt sich leicht verrichten, aber nicht leicht wieder schlichten.« Das passte wie Arsch auf Eimer.

Die nächsten Tage ließ sich Miri nicht blicken. Aber ich ärgerte mich über mich selbst, dass ich so leichtfertig meine Visitenkarte herausgegeben hatte. Nie wieder würde ich das tun. Außerdem machte ich mir Vorwürfe: Was musste ich alter Sack mich auch mit Leuten herumtreiben, die zwanzig Jahre jünger waren?

An einem sonnigen Mittag hielt ich es nicht mehr zu Hause aus. Ich musste mal raus. Meine Wohnung ist fast so eng, dass man selbst hinausgehen muss, wenn mal etwas Frischluft hereinkommen soll. Ich warf einen Blick auf die Straße – von Miri war nichts zu sehen. Also fuhr ich wie sonst üblich in den Charlottenburger Schlosspark, um dort meine Mittagspause zu machen.

Ich sitze immer auf einer ganz bestimmten Bank, fern der Touristenströme. Es war eine der wenigen Bänke, die in der Sonne stand. Ich hielt sie geheim, damit mich dort niemand störte oder sie ständig belegt war. Niemand weiß, wo sie sich befindet. Nur mein Freund Carl hatte mich dort einmal zufällig entdeckt. Kurzerhand ernannte ich ihn daraufhin zu meinem »Bankbevollmächtigten«.

Mir ist rätselhaft, warum die Stiftung Preußische Schlösser und Gärten neunzig Prozent ihrer Bänke in den Schatten stellt. Vielleicht ist der Chef ein hellhäutiger Mensch, der lichtempfindlich ist und schnell einen Sonnenbrand bekommt?

»Meine« Bank ist der ideale Platz, um zu lesen, etwas zu schreiben, zu zeichnen oder zwischendurch Vögel und Eichhörnchen zu beobachten. Und um zu träumen. Manchmal versetze ich mich in die gute alte Rokoko-Zeit und stelle mir gepuderte Hofdamen in pastellfarbenen wattierten Reifröcken aus Seidentaft und pelzverbrämten Umhängen vor. In solchen Augenblicken überkommt mich immer ein Déjà-vu-Gefühl und für einen kurzen Moment denke ich, der Park gehöre mir und ich sei der Schlossbesitzer. Reisen in die Vergangenheit nenne ich das und es tut gut für Körper, Geist und Seele.

Auch ist von Vorteil, dass man mit der Zeit eine gesunde Gesichtsbräune bekommt. Nach ein paar Wochen sieht man aus, als hätte man ein Dauerabo beim »Sonnenstudio Brutzeleck«.

Ich hatte im letzten Winter, der sehr streng war, rund um

meine Bank zum ersten Mal Meisenringe aufgehängt. Als kleines Dankeschön, weil die Vögel immer so schön für mich sangen und mir gute Laune machten. Als ich noch die Drehbücher für eine bekannte Fernsehserie geschrieben habe, hat mich einmal ein Redakteur vom Zweiten Deutschen Fernsehen auf meinem Handy angerufen. Als er das Vogelgezwitscher im Hintergrund hörte, dachte er, ich bin nebenbei Vogelzüchter und habe meinen Schreibtisch neben einer Voliere stehen. Als er erfuhr, dass ich im Park sitze und schreibe, wurde er direkt neidisch, denn beim ZDF kann man wegen der Klimaanlage noch nicht einmal ein Fenster öffnen.

Als dann der lange Winter endlich vorbei war, saß ich an einem ersten milden Frühlingstag wieder auf meiner Bank. Kaum saß ich, ließ sich eine Kohlmeise unerschrocken und vertraut direkt neben mir nieder. Das hat noch nie eine Meise bei mir gemacht. Sie schaute neckisch zu mir hoch, machte laut »Piep!« und flog dann wieder weg – sie hatte sich für das Winterfutter bedankt. Das sind die großen Momente des Lebens!

Als ich noch rauchte, stellte ich irgendwann fest, dass die Eichhörnchen im Schlosspark nikotinsüchtig waren. Das ist wahr. Kaum hatte ich eine Kippe auf den Boden geworfen und ausgetreten, kamen die Eichhörnchen und sammelten sie auf. Sie saugten das Nikotin aus den Filtern. Auch wenn sie genug hatten, sammelten sie weiter und füllten damit ihre Depots auf.

Eine Zeitung berichtete später, dass in einem anderen Park Eichhörnchen anfingen, Menschen anzufallen. Es kam heraus, dass sie ebenfalls immer Zigarettenkippen ausgesaugt hatten, bis im Park ein Rauchverbot verhängt wurde. Die Eichhörnchen attackierten daraufhin jeden, der nach Tabak roch, weil sie den übelsten Nikotinentzug der Tiergeschichte durchmachten. Ich hoffe, dass im Schlosspark nicht auch eines Tages ein Rauchverbot verhängt wird. Sonst könnte ich nur noch bis an die Zähne bewaffnet auf meiner Bank verweilen.

Dort war es nie langweilig. Immer pünktlich um halb drei liefen stumm zwei Männer mit versteinerten Gesichtern vorbei. Sie trugen Oberhemden, die bis zum letzten Knopf unter dem Kinn zugeknöpft waren und in Boxershorts steckten, die sie fast bis zu den Brustwarzen hochgezogen hatten. An den Füßen trugen sie braune Halbschuhe aus dem Quelle-Katalog von 1962 und weiße Tennissöckchen und auf dem Rücken kleine schmutzige Rucksäcke. Ich habe noch nie gehört, dass sie auch nur ein Wort miteinander gesprochen hätten. Jedes Mal war ich einem Lachanfall nahe und deshalb dankbar für diesen wunderbaren Running Gag. So müssen Filme anfangen.

Vor Jahren fütterte ich einmal eine schwarz-graue Nebelkrähe von meiner Lieblingsbank aus. Sie kam daraufhin jeden Tag. Da sie auf ihrer grauen Brust einen schwarzen Fleck hatte, der wie der afrikanische Kontinent aussah, taufte ich sie ebenso: »Afrika«. Wenn ich mit dem Fahrrad mittags in den Schlosspark fuhr, empfing sie mich immer schon am Eingang mit einem »Kroarr-Kroarr«, überflog mich im Sturzflug kamikazeartig und flatterte die paar Hundert Meter voraus zu meiner Bank, um dort ungeduldig auf mich zu warten. Dann leistete sie mir Gesellschaft, während ich las oder schrieb. Und so ging das schon seit Jahren. Einmal hat sie auf dem Ku'damm sogar mein Fahrrad erkannt und saß, als ich von einem Einkauf zurückkam, auf meiner Fahrradstange und begrüßte mich mit ihrem kehligen »Kroarr-Kroarr«.

Und so auch diesmal. Ich saß wieder auf meiner Bank, las Zeitung und Afrika leistete mir Gesellschaft. Plötzlich legte sich ein Schatten über meine Zeitung. Ich schaute hoch – o Gott! Es war Miri! Wie ein Geist stand sie da und ich hatte sie nicht kommen hören.

Sie trug ein khakifarbenes Hemdblusenkleid mit Cargotaschen und einem breiten Gürtel um die Taille. Vorn wurde das Kleid mit Knöpfen geschlossen gehalten. Sie sah sexy aus.

»Wir müssen reden«, meinte sie mit einem Dauerdiät-Gesicht.

»Okay.«

»Über unsere ›Beziehung‹.« Bei dem Wort »Beziehung« deutete sie mit beiden Händen Anführungszeichen in der Luft an.

»Entschuldige, aber welche Beziehung?«, fragte ich erstaunt.

»Na unsere. Ich mag dich ein Stück weit …«, dann fügte sie unsicher hinzu: »… vielleicht ist es ja auch Liebe?«

»Oh. Bei mir leider nicht.«

»Willst du mich denn nicht?«

»Nein«, antwortete ich feindlich. Wer in die Nähe meiner Bank kommt, ist automatisch mein Feind. Ich hatte Angst, dass sie jetzt allen Leuten im Kiez davon erzählt und sie dann immer besetzt ist, wenn ich komme.

»Aber du kannst mich sofort haben.« Sie öffnete den Gürtel und knöpfte dann langsam ihr Sommerkleid auf, und ich konnte unschwer sehen, dass sie darunter nackt war.

»Hier auf der Stelle«, sagte sie energisch und schaute mich verlangend an.

Ich blickte mich nervös um. Wenn uns hier jemand beobachtet! Gott sei Dank war gerade kein Parkbesucher in der Nähe.

Auch Afrika war sich der außergewöhnlichen Situation bewusst. Sie flog hoch auf einen Ast und machte von dort aus ihr »Kroarr-Kroarr«, als wolle sie mir helfen.

Miri hatte zwar eine gute Figur und unter anderen Umständen hätte ich sofort zugegriffen – aber es fehlte die gewisse Magie. Und außerdem war schon viel zu viel vorgefallen.

Obwohl ich ein ungemein harmoniebedürftiger Mensch bin, ließ mir Miri nun keine andere Wahl. Ich nahm meinen ganzen Mut zusammen und sagte streng: »Wir passen nicht zusammen. Tut mir leid. Und jetzt mach dein Kleid wieder zu. Los!«

Sie gehorchte und ging dann so schnell wieder von dannen, wie sie gekommen war. Sehr unangenehm, aber das musste sein. Afrika krächzte zustimmend.

Einige Wochen später erfuhr ich von Kutte, dass Miri zu ihrem neuen Freund gezogen war. »Irgendwo im Hannoverschen. Hildesheim oder so.«

Wie hieß es doch in meinem Glückskeks: »Nur Geduld, die Zeit arbeitet für Sie.«

ALS GRAF ESSEN, TRINKEN UND TANZEN, WIE ES SICH GEHÖRT

Eine gute Freundin von mir arbeitete in einem damals gerade neu eröffneten hochpreisigen Restaurant hinter dem Reichstag. Sie fragte mich eines Tages, ob ich nicht Lust auf einen Prosecco auf Kosten des Hauses hätte. Und *ob* ich Lust hatte. Nicht umsonst nennen mich mittlerweile viele Freunde »Gratis-Graf«.

Ich musste aber vorher noch zur Ziehung, holte sicherheitshalber gleich mal zwanzig Euro aus dem Geldautomaten und fuhr dann über die Straße des 17. Juni zum Restaurant. Ich schloss mein Rad ein paar Häuser entfernt fest und ging dann betont würdevoll in das elegant eingerichtete Restaurant.

Meine Bekannte kredenzte mir den versprochenen Prosecco und ich reichte ihr meine neue Visitenkarte. Sehr amüsant, fand sie. Im hinteren Teil des Restaurants sah ich Innenminister Wolfgang Schäuble sitzen.

In diesem Augenblick kam der Chef des Hauses an unseren Tisch und meine Bekannte reichte ihm meine Karte und stellte mich ihm nur mit Vor- und Zunamen vor. Sie hatte alles richtig gemacht, der Adelige stellt sich nie mit dem Titel vor. Der Restaurantchef warf nur einen kurzen Blick darauf und fragte mich dann mit wohltuender Selbstverständlichkeit: »Möchten Sie ein Überraschungsmenü oder eine Käseplatte? Betrachten Sie sich als eingeladen, Graf.«

»Aber Graf von Blickensdorf ist doch nur mein Künstlername«, murmelte ich. Ich wollte ehrlich sein.

»Ist doch egal«, beruhigte er mich.

»Gut, dann nehme ich das Überraschungsmenü … aber nur, wenn es keine Umstände macht.«

»Kein Problem«, meinte der Restaurantchef.

Nach einer Weile wurde ich hochprofessionell bedient.

Es gab einen vorzüglich gebeizten, zarten Seesaibling auf krossen Kartoffelröstis im Dialog mit Kräuterschmand, danach geschmorte himmlische Rinderbäckchen auf Spitzkohl mit Kartoffelpüree und zum Dessert ein leckeres Gratin von Pfirsich und Erdbeeren vermählt mit Vanille. Ein Gedicht! Und zu jedem Gang wurde mir immer der entsprechende und nicht billige Wein serviert. Und alles umsonst! Das war standesgemäß, nun war ich ein richtiger Graf!

Langsam wurde ich immer alkoholisierter und lustiger und mir saß mein anarchischer Schalk im Nacken. Es war ja gerade Mode, von Überwachungsminister Dr. Wolfgang Schäuble lustige Fingerabdrücke zu sammeln. Wo auch immer Schäuble hinrollerte, stürzten sich seine »Fans« auf von ihm berührte Gegenstände wie Wassergläser, Weinflaschen, Aktenordner, Rollstuhlfettdosen usw.

Auch ich dachte ab einem gewissen Alkoholpegel daran, dass man sich jetzt leicht ein Weinglas von Dr. Schäuble stibitzen könnte. Oder ich klau ihm sein Sakko? Gelegenheit macht Diebe. Und ich wäre ein Held! In der *Bild* würde dann in großen Lettern stehen: »Durchgeknallter Graf klaut deutschem Innenminister das Sakko!« Danach wäre ich berühmt. Das Jackett hätte ich ihm natürlich hinterher wieder zurückgegeben. Oder vielleicht bei eBay verkauft, wer weiß.

Aber angesichts der rund um Schäuble sitzenden, Mineralwasser trinkenden Sicherheitsleute mit finsteren Blicken und ausgebeulten Sakkos, hinter denen ich Waffen vermutete, unterließ ich es lieber. Eine unbedachte Bewegung und ich sterbe im Kugelhagel – nee, lieber nicht.

Auf der Heimfahrt war meine Albernheit verschwunden und ich hatte kurz ein schlechtes Gewissen. Ist das alles so richtig mit meinem Grafen-Dasein? Ich fahre satt und besoffen nach Hause und habe dafür keinen Heller ausgegeben?

Ein paar Wochen später erfuhr ich, dass der Restaurantchef einigen Leuten erzählte, ein gewisser Graf von Blickensdorf hätte in seinem Restaurant gespeist und es habe ihm vorzüglich gemundet. Da war ich beruhigt und jeder von uns zog seinen Nutzen daraus. Also fasste ich neuen Mut, meine gräfliche Identität weiter auszubauen.

Es war Berlinale und ich war zum ersten Mal als Graf dort. Es gab viele Empfänge und Feiern und ich hatte viele Einladungen zu Partys bekommen.

Es ging schon morgens um elf Uhr los, indem man sich beim Kodak-Empfang in einer der Vertretungen der Bundesländer in der Hauptstadt die nötige Grundlage holte.

Man traf alte Freunde oder Leute, die man am Vortag auf einem anderen Empfang kennengelernt hatte. Das Catering war vom Feinsten und es gab alles, was das Grafenherz begehrt. Alle Arten von Fisch, verschiedene Suppen, Käseplatten, Buletten, Salate in allen Variationen usw. Ich aß dort so viel wie sonst in einer ganzen Woche.

Ich kam am Buffet mit zwei netten Redakteurinnen ins Gespräch, die mich fragten, was ich so mache. »Drehbuchautor«, sagte ich, in der Hoffnung, einen Job zu bekommen. Aber erst, als ich ihnen meine Visitenkarte überreichte, wurde das Interesse an mir immer größer. Die Jüngere der beiden folgte mir nun auf Schritt und Tritt wie ein Hündchen. Sie interessierte sich brennend für meine adlige Familiengeschichte. Freimütig improvisierte ich etwas von »schlesischer Seitenlinie« und »Enteignung durch die Kommunisten«. Vorausschauend schickte ich hinterher, dass meine Familie nicht im Gotha eingetragen wäre, weil meine Vorfahren schon immer zum verarmten Adel gehörten und sich den Eintrag nie leisten konnten oder wollten. Es stellte sich heraus, dass die Redakteurin etwas vom Adel verstand, und ihre Fragen wurden immer bohrender und unangenehmer. Ich musste mich schleunigst verdrücken.

Dann ins Kino, Filme gucken, Sekt trinken, Filme gucken und wieder Sekt trinken. Mittlerweile schluckte ich Bullrich-Salz-Tabletten und Aspirin wie andere Leute Erdnüsse.

Auf dem nächsten Empfang wurde mir eine attraktive Filmproduzentin aus München vorgestellt und ich überreichte ihr galant meine Karte. Da der viele Prosecco mich schon etwas übermütig gemacht hatte, gab ich ihr einen formvollendeten Handkuss, der von ihr mit einem entzückenden Lächeln quittiert wurde.

Viele Frauen wissen gar nicht mehr, wie ein Handkuss überhaupt ausgeführt wird. In Deutschland ist er leider ziemlich aus der Mode gekommen, aber in Frankreich oder Österreich und auch in Polen ist der Handkuss noch recht verbreitet. Ein Handkuss steht einer Dame nur dann zu, wenn sie verheiratet oder älter als dreißig Jahre ist.

Geküsst wird übrigens nur in geschlossenen Räumen. Und nicht zu vergessen auf Bahnsteigen. Ob man auf Gartenpartys den Handkuss anwendet, liegt im Ermessen des Gentleman, weil es da die unterschiedlichsten Meinungen gibt.

Aber auch für die Frau lauern Gefahren. Sie darf auf keinen Fall dem Galan ihren Handrücken fordernd unter die Nase halten, wie man es aus alten Hollywoodfilmen kennt. So etwas ziemt sich nicht für eine Dame.

Wichtig ist, dass der Kuss vom Herrn nur auf den Handrücken gehaucht wird und keinesfalls die Haut berührt. Das kommt mir sehr entgegen, denn ich hätte keine Lust, den Handrücken einer Dame mit meinen Lippen zu berühren, auf den kurz vorher der alte Professor, der noch Spargelsuppe im Bart hatte, seine Lippen schmatzend draufgedrückt hatte.

Einige Wochen nach dem Handkuss, ich hatte die Begegnung schon fast vergessen, erzählte mir ein Bekannter, dass seine Schwester, die in München als Filmproduzentin tätig ist, ihm von der diesjährigen Berlinale vorgeschwärmt hätte, weil ihr ein ewiger Jungmädchentraum in Erfüllung gegangen wäre – ein echter Graf hätte ihr auf einem Empfang einen formvollendeten Handkuss gegeben. Sie wäre dahingeschmolzen wie ein Stück Butter in der Pfanne. Mein Bekannter hat sofort richtig vermutet, dass ich dahinterstecke. Leider habe ich dadurch keinen Drehbuchauftrag bekommen. Vielleicht *noch* nicht?

Bei manchen Veranstaltungen wird einem ein Limousinen-Service angeboten. Wenn man dann zum Potsdamer Platz chauffiert wird, setze ich mir trotz Februar-Witterung gern meine Sonnenbrille auf. Beim Ausstieg aus der teuren Karosse stürzen dann manche Berlinale-Fans wie die Hühner zur Fütterungszeit auf einen zu und fotografieren einen sicherheitshalber, man weiß ja nie. Das macht mir höllischen Spaß. Wie viele Fotos wohl schon von mir in den Berlinale-Fanarchiven existieren?

Ein anderes Mal ging ich zur Party ›Perspektive Deutsches Kino‹ ins *Adagio*. Der warmherzige Alfred Holighaus, seines Zeichens Leiter dieser Sektion auf der Berlinale, den ich noch von früher kenne, nahm mich mit im Schlepptau vorbei an den erstaunt guckenden Zerberussen am Eingang.

Das *Adagio*, das sich direkt unter dem Berlinale-Palast befindet, ist eine Mischung aus überdimensionalem Rittersaal, Disneyland und Disco. Ich erlebte ein rauschendes Fest mit üppigem Essen und Trinken und Tanzen mit bekannten und weniger bekannten Regisseuren, Politikern, Stars und Sternchen. Ich tanzte in meiner Grafen-Kluft ausgelassen wie ein Derwisch an einem hohen Feiertag und viele dachten, ich wäre wohl ein reicher Produzent oder so. Tatsächlich bekam ich entsprechende Anfragen, ob ich nicht in diesen oder jenen Film als Co-Produzent einsteigen wollte. Wenn die wüssten, dachte ich nur, in mich hineinkichernd.

Wenige Tage später, meine Leber musste mal wieder Überstunden schieben und ich trank schon auf der Milz weiter, hatte ich eine Einladung vom Bundesverband für Film- und Fernsehschauspieler. Jährlich lädt der Verein zu einer großen Party im Zuge der Berlinale ein. Das war wohl die interessanteste Feier. Sie war im alten Kino *Kosmos* in Friedrichshain mit seiner großräumigen Location, bevölkert von Hunderten von unbekannten hoffnungsvollen Schauspielern und Schauspielerinnen. Bier, Sekt, Wodka-Mixgetränke, Suppenvariationen, Massage-Lounge, Mojito-Bar und gute Tanzmusik machten Laune. Und das alles umsonst! Da lachte das Herz des Gratis-Grafen. Obwohl ich mit Abstand der Älteste war, nahm mir das niemand übel. Ganz im Gegenteil, manche Schauspieler dachten, ich wäre der wiederauferstandene Heiner Müller, mit dem ich leichte Ähnlichkeit habe, und es ergaben sich daraus viele lustige Gespräche.

Ich fragte mich angesichts so vieler interessanter Gesichter, warum in deutschen Filmen immer nur die eine Handvoll derselben langweiligen Visagenverleiher zu sehen ist. Manche Schauspieler spielen wirklich auch in *jedem* Film mit.

Es war ein vergnüglicher Abend, an dem ich auf der weitläufigen Tanzfläche ausgelassen tanzte, bis mir der Schweiß auf mein karamellfarbenes Grafen-Sakko tropfte. Es war schon ein eigenartiges Gefühl, neben Schauspielern der »Lindenstraße« zu schwofen, die einem freundlich zulächelten.

Ohne einen Cent verpulvert zu haben, steuerte ich gut gelaunt und beschwingt wie ein Schmetterling im Frühling mein Zuhause an.

Meinen Freund Aron lernte ich durch Nina Ernst kennen. Sie machte uns nach einem ihrer sensationell guten Konzerte in der *V-Bar* am Potsdamer Platz miteinander bekannt, woraufhin er mich sofort zum Champagner einlud. »Champagner hat noch keinem geschadet«, lautet seine Devise. Wohl war! Da ich angesichts meiner etwas angespannten finanziellen Lage offenbar ein wenig ängstlich guckte, beteuerte er, schweinereich zu sein. Überschwänglich erklärte er mir, seiner Familie gehöre der halbe Potsdamer Platz. Erleichtert willigte ich ein.

Aron trug ein verwaschenes Tommy-Hilfiger-Sweatshirt, das in guten Tagen wohl mal mandarinenfarben gewesen war, und er sah zwar aus wie der junge Jack Nicholson, aber nicht nach viel Geld. Nach zwei Minuten erzählte er mir schon hanebüchene Geschichten über seine Geheimdiensttätigkeit und seine Kontakte zur Familie Onassis. Er hatte wahrscheinlich alles erlebt – und noch viel, viel mehr.

Es blieb nicht bei einem Glas. Es war ungefähr die Menge Champagner, die ein Zwei-Familien-Haus in der Woche an

Badewasser verbraucht, die wir uns reinkippten. Noch Tage später hatte ich das Gefühl, Champagner statt Blut in meinen Adern zu haben. Als eine Sommelieuse Aron eine besonders teure Champagner-Sorte Black Label vorstellte (dreihundert Euro!) und etwas über Sorte, Anbaugebiet, Winzer und so weiter erzählen wollte, meinte er nur lapidar: »Quatsch nicht rum, mach die Pulle auf!« Als ich ihn bat, etwas höflicher zu der Dame zu sein, sagte er: »Na und? Das macht mir auch keinen Harten.« Ich musste lachen.

Es stellte sich im Laufe des Abends heraus, dass ihm mit seiner Familie wirklich der halbe Potsdamer Platz gehörte.

Aron wurde nach jedem Glas lauter und leutseliger, und so hatten wir uns bald eine ansehnliche Schneise in die lange Theke getrunken. Die restlichen Gäste drängelten sich ängstlich am andern Ende, wie eine Herde Schafe beim Schlachter. Unter ihnen befand sich auch ein ehemaliger Chefredakteur einer Berliner Boulevardzeitung, der mit angsterfüllten Augen immer zu uns herüber schaute.

Auf die höflichen Ermahnungen der Kellner, etwas leiser zu reden, brüllte Aron: »Na und? Das macht mir auch keinen Harten!«

Da ich wenig Geld hatte, erst recht keines für teuren Champagner, ging ich nun hin und wieder in die *V-Bar*, wo mich die netten Kellner immer mit »Herr Graf« ansprachen. Wenn Aron gerade an der Bar war – und das war er meistens –, blieb ich. Wenn er nicht da war, fuhr ich wieder nach Hause. Manchmal rief Aron mich auch um drei Uhr nachts an und wollte mich treffen, weil ihm die Saufkumpane fehlten.

So tranken wir einmal Unmengen von B52-Cocktails. Als ich danach zwar sturzbetrunken, aber dennoch gerade und erhobenen Hauptes hinausging, lobte mich Herr E., der Bar-Chef, der wie der kleine Bruder von Prinz Charles aussah: »Gut gehalten, Herr Graf. Andere wären schon längst umgefallen.« Während er das sagte, half er mir in meinen Boss-eBay-Mantel. Und das, obwohl ich manchmal wochenlang keinen Tropfen Alkohol trinke.

Plötzlich zerrte Aron so heftig an meinem Mantel, dass eine

zehn Meter entfernt sitzende Katze sich noch zu Tode erschrocken hätte. »Komm Graf, wir gehen Tanzen!«

Ich war willenlos und nachdem ich im *Hyatt*-Hotel in der grünmarmornen und wohl schönsten Toilette Berlins mein gräfliches Wasser abgeschlagen hatte, folgte ich ihm. Er guckte jetzt wie Jack Nicholson in *Shining*. Wir traten hinaus ins Freie auf den Potsdamer Platz. Schwankend wie zwei Pappeln im Abendwind standen wir da. Die Luft tat gut, weich wie Spülmittel, und roch aprilfrisch. Alles war still, nichts war zu hören. Nur in der Ferne bellte ein Hund (übrigens, dieser floskelhafte Satz stand früher immer nur in schlechten Büchern, aber dieses Mal in einem *guten* Buch).

Wir gingen hinüber zum *Adagio*. Aber die Türsteher wollten uns nicht mehr hineinlassen. Aron randalierte und trat vor die Glastüren, die Gott sei Dank heil blieben. Mit einer großen, ausholenden Geste schrie er mit blitzenden Nicholson-Augen: »Mir gehört schließlich hier die ganze Scheiße.« Ich nahm Aron in den Arm und beruhigte ihn. Dann zerrte er mich nach nebenan in die Berliner Spielbank, um eine Flasche Champagner zu bestellen, die wir hastig austranken. Man muss wohl eher sagen: inhalierten.

Als die Spielbank geschlossen wurde, standen wir wieder ratlos auf dem leeren Potsdamer Platz. Aron bekam jetzt Hunger. Wir gingen um die Ecken, um zu sehen, ob vielleicht noch ein Restaurant geöffnet hatte. Da fiel ihm ein, dass er die letzten hundertfünfzig Euro für den Schampus in der Spielbank ausgegeben hatte. Aron ging auf die andere Seite vom Marlene-Dietrich-Platz. Ich trottete hinter ihm her.

Plötzlich schloss er eine unscheinbare Eisentür auf.

»Komm mit, Graf!« Ich kam mir vor wie in einem noch nicht gedrehten Jack-Nicholson-Film.

Wir gingen schweigend endlose, menschenleere Gänge unter den Potsdamer Platz Arkaden entlang, vorbei an diversen Versorgungseinrichtungen, zischenden Heizungsgeneratoren, summenden Klimaanlagenräumen. Dann zog mich Aron in einen Fahrstuhl. Nach einer Weile hielt er, die Türen öffneten sich und wir standen in einer Wohnung.

»Wo sind wir hier, Aron?«

»Bei mir zu Hause«, antwortete er und ging zu einer Kommode, holte ein paar Scheine heraus, während ich einen Picasso betrachtete, der an der Wand hing. Überhaupt, die Wohnung war teuer eingerichtet und der Balkon war so lang, dass man dort bequem einen Hundert-Meter-Lauf hätte veranstalten können.

Aron hielt ein Bündel Scheine hoch und fragte: »Reicht das?«

Ich zuckte mit den Achseln. Die Sonne ging gerade auf und von Arons Balkon hatte man einen fantastischen Blick auf den Potsdamer Platz, der in der aufgehenden Sonne sehr unwirklich aussah. Wir fuhren mit dem Fahrstuhl hinunter und gingen über die noch menschenleere Potsdamer Straße wieder in die *V-Bar*, wo Aron was zu essen bestellen wollte. Da die Küche noch geschlossen war, gab es natürlich keine große Auswahl. Es gab nur Omelette. Trotzdem war es das beste, aber auch das teuerste Omelette, das ich je gegessen habe. Dazu tranken wir mehrere Gläser Absinth, der sehr aufwendig von dem fachkundigen Kellner, der angesichts unseres Zustandes trotzdem Contenance bewahrte, über Feuer mit Zucker geträufelt wurde. Es war eben eine angenehme Bar mit guten Umgangsformen, nicht wie eine gewisse Hotelbar am Kurfürstendamm.

Als ich mich am nächsten Tag nach dem Aufwachen so langsam daran erinnerte, war ich froh, dass ich mir nicht, wie Vincent van Gogh, im Absinthrausch ein Ohr abgeschnitten hatte.

Eines Tages war ich zur Geburtstagsparty eines Freundes und ehemaligen Arbeitskollegen im legendären Kreuzberger *Yorckschlösschen* eingeladen, eine weltbekannte Institution, wo ich auch inzwischen nur mehr mit »Herr Graf« angesprochen werde. Ich liebe dieses Lokal mit seinem traumhaften Biergarten, wo ich schon so manches Saufgelage erlebt habe. Der Chef ist ein toller *Yorckschlösschen*-Anekdoten-Erzähler und gern lasse ich mir die Liste von heutigen oder inzwischen verstorbenen Stammgästen aus drei Jahrzehnten aufzählen, die teilweise skurrile Namen trugen wie Socken-Paul, der Wetterfrosch, Zitronen-Simone, Salmonellen-Bert, der Schattenlose, der Bucklige, die tödliche Doris,

Delirium-Otto und der Heizungsknopf-Starrer. Wer weiß, vielleicht werde ich eines Tages ja auch als der »Gratis-Graf« in der Liste auftauchen. Und nicht nur die Namen, sondern auch die hausgemachten Buletten sind klasse!

Die lustige Geburtstagsfeier im *Yorckschlösschen* hatte mir so gute Laune gemacht, dass ich wieder kein Ende fand. Und da dachte ich, ich könnte auf dem Nachhauseweg doch noch mal in der *V-Bar* vorbeischauen, vielleicht war Aron auch da. Er war mir mittlerweile ans Herz gewachsen. Er brachte mich immer zum Lachen, bezahlte Getränke, die ich mir normalerweise nicht leisten könnte, und behandelte mich immer höflich – solche Menschen sind meine Freunde.

Also stellte ich mein Rad ab und betrat voller Vorfreude die Bar. »Oh, guten Abend Herr Graf!«, wurde ich von den Kellnern freundlich empfangen, sodass alle Barbesucher sich neugierig zu mir umdrehten. Sie dachten sicher: »Ah, so sieht ein Graf aus.« Sie musterten mich von oben bist unten. An meinen unteren Hosenbeinen blieb ihr Blick hängen – da bemerkte ich, dass sich dort noch meine Fahrradklammern befanden. Ich wurde rot und mit einem verlegenen Lächeln entfernte ich die Klammern. Ich bin eben ein sportlicher Graf, dachte ich trotzig, um nicht vor Scham in Grund und Boden zu versinken.

Mittlerweile hatte ich keine Gewissensbisse mehr, dass ich mit »Graf« angesprochen wurde, denn es ist für die Bar ein Imagegewinn, wenn die Gäste denken, mit einem Grafen zusammen in einer Bar zu sitzen. Das können sie dann am nächsten Tag stolz auf ihrer Arbeitsstelle erzählen. Und ich habe auch etwas davon.

Ein Kellner erzählte mir, dass Herr Aron in dem Klub *Felix* sei und sich bestimmt freue, wenn der »Herr Graf« ihn dort besuchen würde. Ich klagte, dass ich keine Lust hätte, mich in eine lange Schlange von Discobesuchern zu stellen. In Wirklichkeit war ich wie immer etwas klamm.

»Kein Problem, ich mach das schon«, lächelte der Kellner und stellte mir ein Glas Champagner hin.

»Warten Sie einen Augenblick, Herr Graf.«

Etwa zehn Minuten später kam eine Limousine mit Fahrer.

Hastig kippte ich mir den Champagner hinter die Binde. Dann ging ich zu dem silbermetallicfarbenen Wagen, deren Tür mir der Fahrer schon aufhielt. Ich wurde zum *Felix* chauffiert, das nur einen Steinwurf vom Brandenburger Tor entfernt liegt, und sofort von einem schwarz gekleideten Türsteher mit Sonnenbrille und Knopf im Ohr mit »Herr Graf, wir haben Sie schon erwartet« standesgemäß empfangen.

»Bitte folgen Sie mir, Herr Graf, wir sind schon von der *V-Bar* informiert worden«, sagte der Schwarze und führte mich an der Schlange mit frierenden Gästen vorbei, die wie Brät vor der Wurstpelle warteten, um hineingepresst zu werden. Ich wurde neidisch beäugt und hörte Kommentare wie: »Ey, wer is der Opa denn?«, und: »Och menno, ich will auch da rein.«

Wir gingen durch eine Seitentür eine Treppe hinunter in den Keller, in dem eine Unmenge von Getränken und Spirituosen darauf wartete, die durstigen Kehlen der Gäste durchzuspülen. Durch ein Gängegewirr erreichten wir schließlich einen Fahrstuhl.

Dort wurde ich höflich mit »Bitte nach Ihnen, Herr Graf« hineingeleitet und wir fuhren hoch. Als die Tür sich öffnete, stand ich in der VIP-Lounge, wo Aron vor einer Magnum-Flasche Wodka zum Preis von achthundertfünfzig Euro saß und sich über meinen Besuch königlich amüsierte. Mit ausladenden Armbewegungen forderte er mich auf, mir etwas aus der Riesenflasche einzuschenken. Als er hörte, dass ich von der Flasche schwer beeindruckt war, meinte er wieder: »Na und? Das macht mir auch keinen Harten.«

Die VIP-Lounge war mit einer dicken Kordel vom restlichen Publikum abgetrennt und wurde von einer japanischen Karatekämpferin mit grimmigem Blick und verschränkten Armen bewacht. Ich dachte, ich träume! In meinem Portemonnaie waren nur ein paar Münzen und ich saß hier in der VIP-Lounge wie Graf Koks und ließ es mir gut gehen. Es wurde noch ein sehr lustiger Abend, der mich nicht einen Taler kostete! Noch Tage später spürte ich den Kater – aber das machte mir auch keinen Harten.

Als ich Wochen später wieder einmal in der *V-Bar* nach meinem Gönner Aron Ausschau hielt, war er leider nicht da. »Ausland oder so«, sagte Bar-Chef Herr E. bedauernd, denn seine Anwesenheit jagte den Tagesumsatz stets immens in die Höhe.

»Aber Sie könnten einem Hotelgast aus Amerika etwas Gesellschaft leisten, Herr Graf«, sagte er und führte mich zu einem Sessel in die Raucher-Lounge, in dem ein Herr saß, der komplett in eine Wolke aus blauem Zigarrenqualm gehüllt war. Obwohl ich kein Zigarrenraucher bin, roch ich, dass es eine sehr teure Zigarre sein musste, denn sie duftete sehr gut.

Durch den nebligen Rauch sah ich schemenhaft einen Mann um die fünfzig sitzen.

Der Chef stellte mich ihm als Graf Blickensdorf aus Berlin vor und den Gast als Mr Miller aus Oregon. Mr Miller fragte, ob er mich zu einem Drink einladen dürfe. Er durfte. Er empfahl mir einen seltenen, fünfzehn Jahre gelagerten Bourbon-Whiskey aus Kentucky.

Mr Miller hatte glatte gelbe Wangen wie Vanillepudding und seine Augen schauten mich listig an wie die einer Klapperschlange, die gerade auf Beute gestoßen ist. Er trug kurz geschnittenes grauweißes Haar, so senkrecht und ordentlich, als wäre es ein Aufmarsch der US-Navy vor dem Ehrenmal in Washington. Unter seinem karierten Sakko sah ich ein Hemd mit kleinen Applikationen von grünen und roten Paprikas. Durch seinen dicken Bauch war es etwas gespannt. Darunter hatte er eine pernod-cola-farbene Hose und an den Füßen trug er bequeme Wildlederschuhe.

Er sei beruflich in Berlin, erzählte er mir in gutem Deutsch mit breitem amerikanischen Akzent und prostete mir zu: »Cheers!«, und unsere Gläser stießen krachend zusammen, sodass die Eiswürfel darin klirrend auf und nieder tauchten.

Ich kostete vorsichtig den Bourbon, als wäre es pures Gold. Er war fantastisch!

»Man riecht förmlich die Weite des Mississippi, spürt den leichten Harzgeschmack der Hemlocktanne auf der Zunge und hört dabei die spitzen Laute des Opossums«, flunkerte ich ihm vor. Mr Miller war begeistert von meinem Spruch und meckerte wie eine Ziege beim Melken, verschluckte sich aber dadurch am Zigarrenrauch und hustete.

Wahrscheinlich war der Whiskey so teuer wie mein Sakko und dafür wollte ich mich mit einem Kompliment bedanken.

Mr Miller erzählte, er sei Paprikazüchter und habe beruflich auf der Fruit Logistica zu tun, dem wohl führenden internationalen Branchentreffen der Fruchthandelswelt, erfuhr ich. Seine Vorfahren kamen auch aus Deutschland, aus Aschaffenburg. Er habe Paprikafelder, die seien so groß wie Belgien. Ich war beeindruckt.

Mr Miller vollführte eine Handbewegung in Richtung Herrn E., die bedeuten sollte: Noch mal zwei Kentuckys.

Dann fragte er mich, was ich so beruflich mache, und nuckelte an seiner teuren Zigarre. Seine Klapperschlangenaugen musterten mich. Ich erzählte ihm, dass ich Maler sei, auf meinen großen Durchbruch noch warte und deshalb finanziell meist etwas unpässlich wäre. Das sagte ich nur, damit er nicht auf die Idee kam, ich könnte die nächste Runde übernehmen. Da wäre ich wahrscheinlich innerhalb kürzester Zeit eine Summe in Höhe meiner Monatsmiete los.

Herr E. brachte die Drinks.

»Sorry, in zwei Stunden fliege ich in die Schweiz«, sagte er.

»Ach, in die Schweiz?«, fragte ich berechnend, um einen alten Standardwitz von mir loszuwerden. »Wussten Sie, dass die Schweiz eigentlich das größte Land der Welt ist?«

»No …«, fragte er erstaunt, »… really?«

»Ja – wenn man es bügeln würde«, antwortete ich verschmitzt.

Mr Miller meckerte jetzt wie ein Presslufthammer und schlug sich auf die pernod-cola-farbenen Hosenbeine. Seine Wangen hatten die Farbe eines Vanillepuddings angenommen, der in der rötlich untergehenden Sonne auf der Fensterbank zum Auskühlen steht, und sein dicker Bauch unter dem Paprika-Hemd vibrierte.

Ich freute mich, dass meine Pointe mal wieder funktioniert hatte.

»Very good!« Dann legte er den Zigarrenstummel in den Aschenbecher, nahm einen letzten Kentucky-Schluck und stand auf.

»Thank you for the pleasure, Mister von Graf.«

Auch ich stand höflich auf und wir verabschiedeten uns. Es war spät geworden. Da griff Mr Miller in seine Hosentasche und steckte mir einen Geldschein zu. »Für ein paar Farben«, zwinkerte er mir freundlich zu. Diskret steckte ich ihn schnell ein. Aus den Augenwinkeln sah ich, dass es ein rötlicher Schein war. Zehn Euro. Da bekomme ich zwei Tuben Ölfarbe für, super, dachte ich, und bedankte mich sehr höflich.

Draußen schwang ich mich auf mein altes, schwarzes Miele-Fahrrad und fuhr an der Spree entlang, die mal wieder von einer Farbe war wie das Abwasser aus meiner Waschmaschine. Es war ein wolkenloser und ungewöhnlich milder Februarmorgen und die Sonne ging schon auf.

Ich stieg vom Rad und setzte mich auf eine Bank, genoss den Sonnenaufgang und sah den Blaumeisen zu. Sie feierten fröhlich den verfrühten Frühlingsbeginn mit einem »Zizi, Zizizi«, einem Handyklingelton gleich, um kurz darauf kopfüber hängend wie Zirkusartisten nach Nahrung zu suchen. Ich schnüffelte. Mein Sakko roch noch nach der würzigen Zigarre von Mr Miller, stellte ich fest.

Da fiel mir der Schein von ihm wieder ein. Ich wollte ihn nicht verlieren, deshalb suchte ich ihn in der Hosentasche zwischen einem gebrauchten und einem ungebrauchten Tempo, fand ihn, zog ihn hervor und sah ihn mir an.

Ich erschrak. »Nein!«, dachte ich und wollte es nicht glauben. Ich sah ein zweites Mal auf den Geldschein. Ich merkte, wie mein Herz alles Blut in meinen Kopf pumpte und meine Hände zu zittern begannen wie mein Mobiltelefon bei Vibrationsalarm. Es war tatsächlich ein Fünfhundert-Euro-Schein! Ebenfalls rötlich wie die Zehner.

Ich wusste nicht, dass die Fünfhunderter von einer ähnlichen Farbe sind, weil ich noch nie einen in der Hand gehabt hatte. Minutenlang starrte ich auf den Schein! Einerseits ging eine gewisse Beruhigung von ihm aus, andererseits überkam mich eine leichte Abscheu und vor meinem inneren Auge tauchte das Bild einer billigen Hotel-Nutte auf.

»Haste mal ein paar Cent für mich, Kamerad?«, fragte da eine brüchige Stimme. Wieder erschrak ich! Vor mir stand, wie aus dem Nichts, ein älterer Herr mit grauem Bart und langen verfilzten Haaren, dem das Schicksal ganz offensichtlich seit längerer Zeit kein eigenes Dach über dem Kopf gönnte. Sein Gesicht war zerknittert wie eine alte Aktentasche, und er roch wie ein verdorbener Hering, den man vor dem Urlaub im Kühlschrank vergessen hatte. Er stützte sich gebückt auf ein klappriges Damenfahrrad, auf dem sein ganzes Hab und Gut in prallgefüllten Plastiktüten mit Draht und Bindfaden befestigt war.

Der Mann warf einen langen Schatten in der aufgehenden Morgensonne und seine Haare bildeten im Gegenlicht eine goldene Aura, wie man sie sonst nur auf ästhetischen Fotos von Meisterfotografen sieht.

Er sah mich aus stumpfen Augen an.

Ohne lange zu überlegen, drückte ich ihm den Fünfhundert-Euro-Schein in die Hand. Er knisterte so laut in der ruhigen Morgenstunde, dass ich befürchtete, man könnte das Geräusch bis zum Kottbusser Tor, dem Treffpunkt der Junkies und der Dealer, hören, und schaute mich vorsichtig um. Es wurden Leute schon für weniger Geld um die Ecke gebracht.

Der Mann griff mechanisch den Schein und erstarrte. Sein zahnloser Mund stand weit auf und er stierte mich an.

Ich stieg wieder auf mein Fahrrad.

»Schönen Tach noch …«, rief ich ihm zu und fuhr den schnurgeraden Uferweg der abwasserfarbenen Spree entlang, die modrig vor sich hin roch. Nach einer Weile schaute ich mich noch einmal um und sah, dass der Mann noch immer unbeweglich wie eine Statue dastand und mir nachstierte, mit dem Fünfhunderter in der Hand. Hoffentlich vergisst er nicht, seinen Mund zuzumachen, sonst nistet sich noch ein Blaumeisenpärchen darin häuslich ein, dachte ich.

Ich war erleichtert.

DER GRAF IN KONFRONTATION MIT DEM »RICHTIGEN« ADEL

Meine gräflichen Aktivitäten hatten mittlerweile Auswirkungen bis in die höchsten Kreise.

Ich wurde von der Pressesprecherin der »Allianz Chronischer Seltener Erkrankungen« (Achse) gefragt, ob ich ein Bild für eine Charity-Aktion spenden würde, das dann vom Auktionshaus Christie's im Hotel *Adlon* versteigert werden sollte. Als ich erfuhr, dass es einem Netzwerk von Patientenorganisationen von Kindern und erwachsenen Betroffenen mit (chronischen) seltenen Erkrankungen und ihren Angehörigen zugutekommt, sagte ich sofort zu. Schirmherrin war Eva Luise Köhler, die Gattin des Bundespräsidenten. Es sollte unter dem Motto »27 Künstler für die Seltenen – Engelsgleiches für die Seltenen« stattfinden.

Ich gestaltete einen Objektkasten, in dem ein kleiner weiblicher, von mir handbemalter Schutzengel im Chanel-Kleid und mit Handtasche auf einer Stange stehend auf seinen Einsatz wartet.

Doch im Vorfeld gab es Probleme. Die Auktionatorin des weltbekannten Auktionshauses Christie's, Christiane Gräfin zu Rantzau, die die Auktion durchführen sollte, machte Schwierigkeiten. Sie hatte wohl, als sie meinen Namen las, sofort misstrauisch im Gotha, dem Genealogischen Handbuch des deutschen Adels und der Bibel der Adeligen, nachgeschlagen und festgestellt, dass dort keine Adelsfamilie derer »von Blickensdorf« geführt wurde. Zumindest nicht in den vergangenen Jahrhunderten.

Sie weigerte sich deshalb störrisch, meinen Künstlernamen anzuerkennen. Und ich weigerte mich, darauf zu verzichten. Schließlich haben Jürgen von der Lippe und Hella von Sinnen ebenfalls adlige Künstlernamen und niemand kommt auf die Idee, sie mit ihren bürgerlichen Namen anzukündigen – das macht doch auch keinen Sinn!

Ich argumentierte, dass mit dem Inkrafttreten der Weimarer Reichsverfassung am 11. August 1919 alle Vorrechte des Adels abgeschafft wurden und der bisherige Titel so nur noch ein Bestandteil des bürgerlichen Familiennamens war. Am 23. Juni 1920 verabschiedete auch die preußische Landesversammlung das Gesetz über die Aufhebung der Standesvorrechte des Adels. Das einzige Recht, das den Blaublütigen zuteil werden sollte, war das eines jeden Bürgerlichen.

Doch meine Bemühungen, mit meinem Künstlernamen teilzunehmen, stießen bei der Gräfin auf taube Ohren. Es half nichts. Meine Beteiligung, von der ich mir Aufträge erhoffte, war mir sehr wichtig, mein Arbeitslosengeld reichte vorn und hinten nicht. Ich holte mir meine Lebensmittel schon von der Berliner Tafel. Und außerdem war es ja für einen guten Zweck.

Nur durch diplomatisches Geschick der charmanten Pressesprecherin von Achse e.V. und meiner Beharrlichkeit setzte ich mich schließlich durch, sodass ich wenigstens im Katalog mit »Lo Graf von Blickensdorf« erschien, in dem auch viele namhafte Künstler vertreten waren.

Es kam der Tag der Versteigerung. Mein Magen grummelte vor Aufregung und ich trank noch rasch einen schmackhaften »Dr. Lochs Darmtee B« von meinem Proktologen Dr. Loch. Seit einigen Jahren leide ich nämlich unter nervösem Reizdarm, bei solchen Anlässen besonders stark.

Als ich gerade mein zuverlässiges Rad besteigen wollte, höre ich hinter mir eine Stimme: »Graf, alte Säule. Na? Wo quietscht der Käse?« Es war Kutte in einem mokkabraunen und chromblitzenden Jaguar XJ12.

Als ich ihm von der Versteigerung im *Adlon* erzählte, bot er mir an, mich hinzufahren. Ich freute mich, das passte mir gut – wie ein richtiger Graf chauffiert zu werden.

»Ick muss sowieso 'ne Testfahrt machen«, meinte Kutte, setzte sich eine Eddy-Kante-Bodygard-Sonnenbrille auf und hielt mir wie ein Lakai die Tür auf. Ich setzte mich ganz wie ein feiner

Herr in den Fond des Gefährts und genoss die standesgemäße Fahrt durch meinen Kiez. Immer wenn ich jemanden sah, den ich kannte, hob ich meine Hand zum huldvollen Gruß, als wäre ich die Königin von England auf Staatsbesuch.

Die Fahrt war allerdings von gelegentlichem Ruckeln begleitet, als säße man auf einem bockigen Pferd, das zum ersten Mal beritten wurde. Kutte war mit der Leistung des Motors nicht zufrieden und schimpfte: »Der Hobel ist voll scheiße! Die Maschine läuft auf einmal wie ein Sack nasser Nüsse.«

Mir war das egal. Ich bat Kutte, etwas schneller zu fahren, denn ich wollte nicht zu spät kommen. Kutte gab Gas.

Plötzlich schrie er: »Mist, die Bullen!«

Wir waren in eine Radarfalle der Polizei geraten, weil wir zu schnell gefahren waren. Ein Polizist winkte uns mit seiner Kelle zum Fahrbahnrand. Kutte musste seine Papiere vorzeigen und erhielt eine Rechtsbelehrung. Als der Beamte auf den Strafzettel »mit 46 km/h durch die Tempo-30-Zone« schreiben wollte, bat Kutte: »Ach bitte, Wachtmeester, könn' Se nich ›mit Tempo hundert‹ schreiben? Dat hört sich irgendwie männlicher an, wa?«

Ich wurde langsam nervös und verdrehte die Augen. Jetzt verarschte er auch noch den Polizisten. Ich musste unbedingt pünktlich sein und signalisierte Kutte durch das Zeigen auf meine Uhr, dass ich es eilig hatte. Er nickte und bezahlte zügig das Strafmandat, nicht ohne zu erwähnen, dass er »den Grafen noch schnell zum *Adlon* fahren« müsse. Der Polizist warf mir einen neugierigen Blick zu, tippte sich an die Mütze und wünschte noch eine »Gute Weiterfahrt, Herr Graf«.

Dann rollten wir über die majestätisch breite Bismarckstraße weiter in Richtung Ernst-Reuter-Platz, doch der Motor des alten Jaguars ächzte und stöhnte wieder.

»Gestern bei der Probefahrt schnurrte das Teil noch wie ein Kätzchen. Der Typ meinte, der Motor wäre noch top.« Kutte schimpfte auf den Mann, der ihm das Auto verkauft hatte. »Aber dem werde ick morgen die Gräten ausm Arsch ziehn!«

Wir kamen an einer Tankstelle vorbei. Im Gegensatz zu früher bekommt man dort bei Autopannen keine Hilfe mehr. Heute kann man da Schrippen mit Schabefleisch kaufen, während sich im Supermarkt Autoreifen neben dem Butterregal stapeln.

An der Ampel am Großen Stern starb der Motor schließlich ab. Kutte versuchte, ihn wieder zu starten, doch der Anlasser jammerte nur erbärmlich, als wüsste er, dass es nicht mehr lange hin ist bis zur Schrottpresse. Denn nicht alle Anlasser landen bei den Ludolfs auf dem großen Haufen.

Hinter uns hupten ungeduldig die anderen Autos. Kutte befahl mir zu schieben. Schwitzend schob ich in meinem Grafen-Outfit unter dem schadenfrohen Gejohle einer Schulklasse die Prunkkarosse auf die Standspur im Kreisverkehr. Ich hatte sogar das Gefühl, dass die Goldelse auf der Siegessäule hämisch auf uns herunter griente. Ich wurde noch nervöser. Nur noch zwanzig Minuten bis zur Versteigerung! Und hier an der Siegessäule gab es keine U- oder S-Bahn-Station. Und Geld für ein Taxi hatte ich natürlich auch keines.

Kutte öffnete die Motorhaube, nahm irgendein Teil ab und gebot mir, es festzuhalten, klopfte hier, klopfte da, riss an einem Kabel. Dann lief der Motor, Kutte schraubte das Teil wieder an und wir konnten die Fahrt fortsetzen.

Doch schon an der nächsten Ampel wiederholte sich das ganze Prozedere und ich schwitzte inzwischen wie ein Marathonläufer kurz vorm Ziel. Ich drängte Kutte zur Eile.

»Ruhig Blut, Hochwohlgeboren«, versuchte er mich mit seiner sonoren Stimme zu besänftigen und warf seinen graumelierten Zopf mit Schwung nach hinten, damit er nicht im Motorraum hing. Wieder schaffte Kutte es, den Motor zum Laufen zu bringen. Im Schritttempo fuhren wir nun in Richtung *Adlon*, während uns hässliche Kleinwagen hupend überholten und ihre Insassen uns spöttisch auslachten. Da ich meine Papiertaschentücher zum notdürftigen Säubern meiner Hände schon verbraucht hatte, musste ich mir tatsächlich mit meinem seidenen Einstecktuch die Schweißperlen aus dem Gesicht tupfen.

Endlich – nur fünf Minuten vor der Versteigerung fuhren wir ruckelnd am Ziel vor. Gerade noch pünktlich. Aus dem Auspuff kam mittlerweile blauer Qualm. Der Wagenschlag wurde von einem Portier im Zylinder geöffnet und ich betrat das Hotel. Ich bemerkte jedoch mit Schrecken, dass meine Hände schmutzig wie die eines Kraftfahrzeugmechanikers nach einem Acht-Stunden-Tag aussahen. Besonders aristokratisch wirkte das nicht gerade. Ich hoffte, dass ich niemandem die Hand geben musste. Nicht auszudenken, wenn mir gerade jetzt die Gattin des Bundespräsidenten begegnete und sie zur Begrüßung ihre weißbehandschuhte Hand entgegenstreckte. Ich erschauderte und erkundigte mich schnell nach der Toilette.

Während Kutte einen Parkplatz Unter den Linden suchte, wusch ich mir rasch die Hände und brachte meine derangierte Kleidung wieder in Ordnung.

In der Eingangshalle herrschte ein Betrieb, als wäre man am ersten Ferientag auf dem Berliner Hauptbahnhof und obendrein wäre noch Eisenbahnerstreik. Die Leute liefen herum wie aufgescheuchte Hühner und jedes Mal, wenn eine der Fahrstuhltüren aufging, glotzten sie so, als erwarteten sie den Papst. Ich wunderte mich darüber und erfuhr nach einer Weile, dass sie auf Hollywoodstar George Clooney warteten, der der TV-Spenden-Gala »Ein Herz für Kinder« vom Vortag ein bisschen Glamour verliehen hatte. Er war noch im Hotel und wahrscheinlich räkelte er sich jetzt – es war elf Uhr morgens – gerade mit drei vollbusigen Schönheiten im Bett der Präsidenten-Suite, von der man einen grandiosen Blick aufs Brandenburger Tor hat.

Ich hatte leider nichts von George Clooney an mir und wachte deshalb Morgen für Morgen allein in meiner Kathedrale des erotischen Elends auf, mit trostlosem Blick auf eine Brandmauer mitsamt Einschusslöchern aus dem Zweiten Weltkrieg.

Ich erkundigte mich bei einem Liftboy nach dem Palais-Saal und rannte dann eilig über weiche, sündhaft teure Teppiche die Treppe hinauf, wo ich schon freundlich von der Pressesprecherin des Achse e.V. erwartet wurde. Ich achtete darauf, dass niemand meine schwarzen Fingernägel bemerkte, die ich so schnell nicht sauber bekam, weil ich schließlich nicht immer eine Nagelbürste dabeihabe. Der Schweiß lief mir wie die Niagarafälle vom Nacken über den Rücken hinunter direkt in meine Budapester.

Im Palais-Saal waren die Kunstwerke ausgestellt, damit die potenziellen Käufer sich vor der Auktion einen Eindruck machen konnten. Vor meiner Arbeit drängelten sich die Leute, was mir sehr schmeichelte. Mein Freund Aron war leider nicht anwesend, bedauerlich, aber solche langweiligen Events machten ihm sicherlich »keinen Harten«.

Von freundlichen Hostessen wurden Gebäck und kleine Häppchen gereicht und als die Ehefrau des Bundespräsidenten und Schirmherrin der Charity-Auktion, Frau Köhler (ohne weiße Handschuhe) hereinkam, fiel mir auf, dass eine Frau eifrig wie ein Putzerfisch um die sympathisch wirkende Präsidentengattin herumscharwenzelte.

Inzwischen war auch Kutte eingetroffen und nahm sich erst mal einen Prosecco, den er ex hinunterschüttete, um sich umgehend ein zweites Glas zu genehmigen. Er besah sich mein Bild und war begeistert. »Cool, Alter! Könnt ick nich. Det Einzige, wat ick druff hab, is Zahnbelag.«

Ich war leider etwas aufgeregt vor Lampenfieber und konnte über seine Sprüche nicht so richtig lachen.

Dann begann die Veranstaltung. Nach einigen erklärenden Reden und einem humorig-erklärenden Vortrag Frau Köhlers begann die Auktion und der Putzerfisch von vorhin entpuppte sich als Christiane Gräfin zu Rantzau, die Auktionatorin des Auktionshauses Christie's.

Sie war eine pausbäckige Frau um die fünfzig mit einem energischen Kinn wie Michael Schumacher und ein wenig pummelig, die selbstbewusst wie ein Preisboxer in die Runde blickte.

Mein Kunstwerk war als Erstes an der Reihe. Ich war gespannt wie ein Flitzebogen. Mittels eines Beamers wurde die Seite des Katalogs an die Wand hinter der Auktionatorin projiziert. Man sah meinen Namen, darunter das Foto von meinem Bild und noch Informationen zur Technik.

Doch Gräfin zu Rantzau stellte mich nuschelnd nur mit »… der Künstler ›Lo Blickensdorf‹ … bla, bla, bla …« vor. Sofort ging ein Raunen durch den Saal und ein älteres Ehepaar, das hinter mir saß, meinte, sie hätte sich verlesen. »Die hat das ›Graf von‹ vergessen …«, meinte der Mann empört. »Na ja, ist ja och schon älter, die Dame«, antwortete die Ehefrau.

Ich freute mich diebisch, ihre Absicht, meinen Künstlernamen zu ignorieren, ging nach hinten los. Man war der Meinung, sie hätte sich verlesen. Auch Kutte rammte mir so stark seinen Ellenbogen in die Seite, dass ich Sterne sah. Er machte das Balla-Balla-Zeichen. »Die hat doch 'ne Schecke, die Olle.«

Dann fing die Gräfin bei fünfhundert Euro lustlos nuschelnd an, mein Bild zu versteigern. Sie bewegte sich wie eine Marionette hinter ihrem Auktionspult.

Kutte, berühmt für seine Vergleiche, meinte nur lakonisch: »Von der Else jeht 'ne Kälte aus wie bei 'ner Leiche, die man grade aus 'ner Kühlzelle der Pathologie jezogen hat … Brrr…«

»Pst, nicht so laut!«, flüsterte ich ihm zu.

»Ist doch wahr«, meinte Kutte laut.

Mir sind solche Äußerungen immer etwas peinlich, obwohl ich auch sauer auf die Gräfin war. Wenn ich etwas extrovertierter wäre, dann hätte ich »Das ist indezent und degoutant zugleich, Gräfin!« in den Saal voller hochgestellter Persönlichkeiten rufen müssen und so in Anwesenheit der Bundespräsidentengattin einen handfesten Skandal provozieren sollen. Doch stattdessen blieb ich still auf meinem Platz sitzen.

Ich hatte schon oft überlegt, einen Skandal zu verursachen, nur um meine Bilder besser verkaufen zu können. Als ein Mann im Wachsfigurenkabinett von Madame Tussauds in Berlin eine Hitler-Figur köpfte, ärgerte ich mich, dass ich nicht darauf gekommen war. So wäre ich als *der* Hitler-Attentäter in die Geschichte eingegangen: Attentat auf Hitler gelungen und obendrein auch wieder von einem Grafen verübt. Ich wäre reich und berühmt geworden, wäre in Talkshows eingeladen worden und meine Bilder hätten sich verkauft wie geschnitten Brot …

Mit einem Mal gingen überall Hände hoch von Bietern, die mein Kunstwerk haben wollten. Damit hatte die Gräfin nicht gerechnet! Es war schon bei eintausendfünfhundert Euro und mein Herz machte Luftsprünge vor Freude. Mehr als ich erwartet hatte. Kutte machte: »Give me Five«, und rief: »Ey cool, Alter!«

Immer wenn die Auktionatorin »zum Letzten« sagen wollte, schnellten wieder Bieterarme nach oben. Als der Preis zweitausend Euro erreichte, machte die Gräfin kurzen Prozess und beendete die Versteigerung mit einem kräftigen Hammerschlag, der einen ausgewachsenen Mastbullen hätte töten können, obwohl neben mir noch Arme in der Luft waren. Das war die Rache der Gräfin (hört sich übrigens an wie der Titel eines Edgar-Wallace-Krimis). Nun ging es zu den anderen Kunstwerken, und sie blühte plötzlich auf. Ihr Nuscheln war wie weggezaubert, während sie mit affektiert zuckenden, koketten Körperbewegungen hinter ihrem Stehpult, gleich einer Marionette von der »Augsburger Puppenkiste«, die Kunstwerke anpries. Auch alle Namen der restlichen Künstler konnte sie nun korrekt aussprechen. Kutte stand auf: »Die Olle kann ick nicht mehr ertragen, die hat heute Morgen wohl mit Pflaumenmus gegurgelt.« Er äffte ruckartig die hölzernen Bewegungen der Gräfin nach und ging ins Foyer, um sich dort den restlichen Prosecco »reinzupfeifen«.

Nach der Auktion ging ich zu Kutte ins Foyer, der sich dort gerade kleine Salami-Kanapees einverleibte. »Probier mal die Salami-Stullen – die waren noch letztes Jahr Galopper des Jahres.« Er spülte mit Prosecco nach und rülpste. Ich kicherte, obwohl mir sein Verhalten etwas unangenehm war – war es doch mein erster Auftritt in bester Gesellschaft als Graf.

Wer mein Bild ersteigert hatte, konnte ich nicht in Erfahrung bringen. Vielleicht war es ein arabischer Scheich und es war schon auf dem Weg nach Dubai. Wer weiß?

Am Ende kamen zweiundsechzigtausend Euro für einen guten Zweck zusammen. Im *Tagesspiegel*, der am nächsten Tag davon berichtete, wurde ich leider mit keinem Wort von der Schreiberin erwähnt. Ich hätte wohl doch einen Skandal verursachen sollen. Na ja, nun war es zu spät.

Als wir wieder im Jaguar saßen, sprang er überhaupt nicht mehr an und wir mussten wieder aussteigen. Kutte trat wütend gegen die Karre und dabei fiel eine verchromte Zierleiste ab, die er sorgfältig im Kofferraum verstaute. Wir fuhren dann mit der U-Bahn nach Hause. Tja, das Leben ist kein Diätgericht.

DER GRAF
AUF PARTNERSUCHE

Als ich eines Morgens wieder mal einsam in meiner Kathedrale des erotischen Elends aufwachte, beschloss ich: Ich suche mir eine Partnerin. Ich gab eine Kontaktanzeige auf:

> Graf (57), jünger aussehend, schlank, 1,80 groß, mit ausgefallenem Hobby, joggt gern, kontaktfreudig, mag gern Spazieren als auch Kneipe, reist gern, mag Kultur und Natur wie auch gemütliches Essen bei Kerzenschein. Wenn du die Frau bist, die meine Gräfin werden möchte, dann melde dich.

Ich war gespannt auf die Antworten. Das mit dem Hobby hatte ich rein geschrieben, damit es nicht einen zu perfekten Eindruck macht. Tatsächlich habe ich ein ausgefallenes Hobby. Ich sammle Boulevardzeitungen mit ausgefallenen und skurrilen Todesmeldungen Prominenter auf den Titelseiten. Hier einige Beispiele:

JOHN WAYNE STARB WIE EIN HELD

KINSKI TOT! DIE LETZTE NACHT DES IRREN!

ROY BLACK TOT – GANZ ALLEIN MIT EINEM LEEREN GLAS!

GRZIMEK TOT IM ZIRKUS!

BERLINS BEKANNTESTER HAUSARZT TOT!

FÜRST METTERNICH TOT! DIE LEBER?

DER FÜRST (von Thurn und Taxis) IST TOT!
Er starb mit einem FRAUENHERZEN!

Nach einer Weile trudelten die Antworten auf meine Anzeige ein. Hier einige Antworten (Rechtschreibfehler und Wortverdrehungen habe ich absichtlich nicht korrigiert):

> Hallo,- ich habe heute Dein Inserat gelesen, und bin sehr neugierig, wie ein echter Graf aussieht. Ich bin NR, NT, 1,65 groß, sehr schlank, sportl., gehe gern ins Theater, in die Oper, es darf aber auch Kino sein. Jogge auch ab und zu, fahre gern rad, reise durch die Welt. Fühle mich in Jeans aber auch im langen Abendkleid wohl. Habe 40 Jahre im Bereich Medizin, in einem großen Berliner Klinikum gearbeitet. Habe eine 3-Raum Whg. Meine beiden Kinder sind selbstständig, so habe ich keine Verpflichtungen mehr. Muß nur manchmal trösten, wenn Liebeskummer angesagt ist. Würde gern mit Dir Spazieren und anschließend in der Kneipe mit Dir plaudern. Wenn Du Interesse an einem Kennenlernen haben solltest, bitte melde Dich.
> LiebenGruß
> Hannelore

> Guten Abend, Entschuldigung Ihre Annonce hat mich schmunzeln lassen. Aber sicher gibt es hier auf diesen Seiten »Damen« welche gern Gräfin wären.
> Dann viel Glück
> K.

> hallo!.bis zu welchem Alter sollte Sie denn sein?.bin selbst 56j.(jünger aussehend),mollig.lg

> hallo herr graf, schon lange ist es mein traum, eine »Gräfin« zu werden. wenn du lust und zeit hast, dann rufe mich doch einfach mal an. Tel: ... Ute

finde blöd, dass Du mit Deinem Adelstitel wirbst! Hast Du keine »eigenen« positiven Eigenschaften? Geld kann man übrigens auch nicht essen! Mein Name ist Dörte, bin 40, kfm. Beruf, 162 cm groß, grüne Augen, 59 kg schwer ...
LG Dörte

Guten Abend Unbekannter, ich bin irgendwie neugierig.

Ein paar Eckdaten über mich: Akademikerin, Osteuropa, kulturinter., tolerant, humorvoll, weltoffen und jetzt dass, was die Männer wirklich interessiert: attraktiv, schlank (174), dunkelhaarig. Prinzessin eben.
Mit freundlichen Grüßen
Natascha

Hallo,
Gräfin möchte ich nicht werden, sonst teile ich deine Interessen durchaus. Wenn du magst, dann melde dich.
Gruss Marie

hallo graf ;-))))) bist du ein reiche graf oder hast nur titel übrig??
lg m.

Hallo
LiebeGraf,
Complements der Saison zu you. I möchte meinen aufrichtigen Dank an Sie. Meine. Name ist Miss Augustar und meine Kontakt-Adresse (xxx@yahoo.dk) Ich bin eine junge schöne Mädchen mit voller Liebe und Fürsorge auch romantic. well Ich sah in Ihrem Profil und ich liebte es, ich glaube, wir können zusammen als eine klicken Sie auf den Körper und die Seele.

Bitte Ich werde es begrüßen, wenn Sie meine E-Mail-Adresse zur Kontaktaufnahme mit mir direkt an meine E-Mailbox und gleichzeitig zeige ich dir, mein Bild, und Sie wissen auch, mehr über mich. Außerdem möchte ich, dass Sie wissen, dass die Entfernung, der Rasse oder Religion ist nie ein Hindernis im Laufe der Liebe.

Vielen Dank für Ihr Verständnis und Kooperation. Ich hoffe, Sie günstig Ihre Antwort zu bekommen, kontaktieren Sie mich mit dieser E-Mail-Adresse unten. Ich wünsche Ihnen ein glückseliges und eine glückliche Zeit dort. Ihr's aufrichtig, Augustar

HELLO!
Komplimente des Tages zu dir. Er ist mit aufrichtigem und das profunde Glück, zum zu schreiben dir dieser Tag, während ich dein Profil sah, gleichwohl morgens Helen namentlich, wie du Hoffnung bist, du fein sind, tat ich, sah dein Profil und nahm interest in ihm, wenn du nicht um mich liebst, dich zu kennen kümmerst und wenn du die Art des Mannes morgens ungefähr denkend bist, mir eine Post auf meiner privaten eMail bitte schicken enthalten, damit ich dir erkläre, allen du Notwendigkeiten, in mir und einer Abbildung von myself. i auszukennen glaubst, dass Abstand und Farbe nicht zwischen uns ein barear sind und hoffen, von dir zu lesen, wie ich warte für deine Post segnen Dank und Gott.
Bester Respekt,
Helen.

Ich suchte mir die erfolgversprechendste Anzeige heraus und rief morgens um halb elf Ute an, die auf meine Kleinanzeige geantwortet hatte. Ich stellte mich mit »Graf Blickensdorf« vor. Sie freute sich riesig, dass ich sie anrief. Ihre Stimme klang gut, und sofort wollte sie sich mit mir am Nachmittag treffen.

Sicherheitshalber nicht direkt in meinem Kiez, und so schlug ich vor, dass man sich im *Kaiserstein* in Kreuzberg trifft. Dort gibt es auch leckeren Kuchen und ich kam endlich wieder mal zum Konditern.

Als ich das Café betrat, schaute ich mich um. Da war er wieder – dieser eigenartig süßliche Geruch, den ich so hasste. Es war ein Geruch, den manche Frauen ab fünfzig verströmen und dessen Rätsel ich bis heute noch nicht lösen konnte. Ich hatte nur Vermutungen. War es ein bestimmtes Billig-Parfüm vom Discounter? Oder noch schlimmer: sprühen sie sich das Parfüm in die ungewaschene Achselhöhle in der Hoffnung, dadurch frisch zu riechen? Oder sind es hormonell gesteuerte Ausdünstungen? Meine sechsundachtzigjährige Mutter hat diesen Geruch zum Glück nicht.

Und dieser Geruch lag nun hier im Raum. Am liebsten wäre ich wieder gegangen, aber das verbot mir meine Höflichkeit.

»Huhu!«, hörte ich plötzlich vom Fenster her.

Es war eine attraktive Mittvierzigerin.

»Hallo, ich bin die Ute.«

»Hallo, angenehm, ich bin Lo«, erwiderte ich und mir wurde fast übel, denn der Geruch wurde jetzt noch stärker.

»Hal – Lo, oder HalloLoLo …« Ute lachte sich kaputt über den köstlichen Witz, weil sie glaubte, ihn gerade erfunden zu haben. Ich habe ihn schon tausendmal gehört und kann darüber nicht mehr lachen. Ich lächle nur noch aus Höflichkeit.

Ich schnüffelte unauffällig. Doch es war längst klar, woher der Geruch kam – Ute!

Ich schaute sie unauffällig von der Seite an. Sie hatte ein hübsches Gesicht mit ein paar Falten, die aber nicht störten. Ihre honigblonden Haare waren hochgesteckt, nur ein paar nicht zu bändigende Strähnen fielen ihr neckisch ins Gesicht. Sie trug eine Bluse mit Fledermausärmeln und sah darin wie eine elegante Adelige aus. Sie könnte mir gefallen – nur der Geruch.

Ich bestellte mir einen Milchcafé, ein Stück gedeckten Apfelkuchen mit Sahne und dazu noch einen Fernet Branca, um den Geruch etwas zu bekämpfen.

Sie plapperte sofort drauflos. Sie hatte zwanzig Jahre als Buchhalterin in einer Spirituosen-Großhandlung gearbeitet. Aber nun wäre sie arbeitslos. Aber das mache ihr nichts, denn sie habe ein bisschen was geerbt und hatte schon einige Reisen mit dem Geld unternommen. Thailand, Vietnam, China …

Während Ute langweilige Reiseerlebnisse erzählte, dachte ich an eine meiner ersten großen Liebschaften. Sie hieß Helga und benutzte das Parfüm »Opium« von Yves Saint Laurent. Ich hatte mit ihr eine Affäre, obwohl sie verlobt war. Als der Verlobte davon erfuhr, kostete mich das alle meine oberen Schneidezähne. Sie sehnte ich mir jetzt dringlichst herbei. Ah, dieser Duft, der für mich im Augenblick der beste der Welt war.

»Hallo?«, wurde ich aus meinen Träumen gerissen.

»Ja?«, fragte ich etwas durcheinander.

»Hörst du mir eigentlich noch zu?«

»Ja natürlich, na klar …«, antwortete ich schnell durch die Nase.

»Hast du Schnupfen?«

»Ja, ein bisschen …«, log ich.

»Ach, du Armer«, bedauerte sie mich.

»Und wovon lebst du so?«, fragte sie mich und nippte mit gespreiztem kleinen Finger von ihrer Bionade mit Litschi-Geschmack.

»Ich bin Maler«, antwortete ich knapp, weil gerade meine Bestellung gebracht wurde. Schnell griff ich zum Fernet und spülte unauffällig mit einem Schluck meine Mundhöhle.

»Oh, entzückend! Ich liebe Malerei. Ich war gerade in der Auguststraße. Da gibt es eine Menge guter Galerien.«

Ich nickte, das stimmt. Da wollte ich immer mal ausstellen. Sie interessiert sich für Kunst. Nicht schlecht. Wieder ein Pluspunkt für sie.

Ich hatte mal gehört, dass man gegen schlechte Duftstoffe ein Streichholz anzünden soll. Da das dem Gehirn »Gefahr!« signalisiert, schaltet es dann alle anderen Gerüche aus. Aber leider waren keine Streichhölzer da und ich konnte mir jetzt ja auch schlecht welche besorgen und dann eines nach dem anderen abbrennen.

»Mein Traum wäre es, in einem Schloss zu leben«, sagte sie wehmütig und flatterte vehement mit ihren Fledermausärmeln, als wolle sie mal eben eine Runde um die pompöse Lampe unter der Decke fliegen. Leider blieb sie auf ihrem Platz sitzen.

Das Flattern bewirkte, dass jetzt noch mehr von ihrem süßlichen Aroma in meine Richtung strömte. Ich starb tausend Tode und griff zum halb leeren Glas. Möglichst ohne Verdacht zu erregen, wollte ich es mir unter die Nase halten, um so den Geruch zu kaschieren. Trotzdem wurde mir schlecht.

»Aber alleine in einem großen Schloss? Nein. Dazu braucht man einen passenden Partner – einen wie dich!«

Mir war nicht wohl in meiner Haut.

»Ute Gräfin von Blickensdorf«, schrieb sie träumerisch mit ihrem Zeigefinger in die Luft.

»Ein Schloss ist ganz schön teuer«, näselte ich und nahm wieder einen Schluck. Auf meiner Stirn stand der kalte Schweiß.

»Wieso? Fünf Millionen müssten doch reichen, oder?«, sagte sie gelassen.

Ich verschluckte mich an dem restlichen Fernet Branca. »Was?« Ich konnte es nicht glauben. «Du hast …?«

»Ja«, antwortete sie ruhig, »ich habe ein paar niedliche Milliönchen geerbt – die Spirituosen-Großhandlung gehörte meinem Vater.«

In meiner Vorstellung sah ich Geldscheine im Wert von fünf Millionen Euro durcheinander tanzen und ich war außerstande einen klaren Gedanken zu fassen. Sogar der Geruch war für kurze Zeit vergessen.

»Ich brauche nur ein Schloss und einen malenden Grafen, damit ich auch Gräfin bin – dann habe ich mir meinen ewigen Mädchentraum erfüllt.«

Als ich wieder klar denken konnte, überlegte ich. Das war die Chance! Mit einem Schlag wären alle Geldsorgen verschwunden. Nur einen Haken gibt es – dieser Geruch! Das würde ich nicht aushalten. Ich kann ihr auch nicht sagen: »Du riechst komisch! Stelle merken und waschen!« Oder soll ich mir meine Riechnerven vom Arzt wegoperieren lassen? Geht das überhaupt? Diesen Gedanken verwarf ich besser wieder.

Sie selbst wird es wahrscheinlich nicht riechen, dachte ich. Das ist so, als ob man Knoblauch gegessen hat, den riecht man selbst auch nicht, nur die anderen. Und falls das eine Krankheit ist, geht es sowieso nie wieder weg.

Hastig aß ich den Kuchen auf und kippte den Kaffee herunter.

Dann sagte ich ihr, dass ich noch eine andere Verabredung hätte. Gestresst schaute ich auf meine Uhr. Ich würde mich dann melden, versicherte ich ihr. Ich verabschiedete mich mit einem oberflächlichen »Lass uns telefonieren«. Bei der Verabschiedung war ich sorgfältig darauf bedacht, dass ich nicht mit meinem Sakko ihre Kleidung berührte, um den Geruch nicht anzunehmen.

Draußen auf dem Mehringdamm genoss ich die frische seidenreine Luft und nahm ein paar tiefe Lungenzüge davon. Dann stieg ich auf mein Rad und fuhr unter dem warmen Blau des Julihimmels in hohem Tempo nach Charlottenburg, weil ich hoffte, der starke Fahrtwind würde so mein Sakko gut durchlüften.

Ute habe ich nie wieder angerufen.

GRÄFLICH REISEN

Eine wohlhabende Bekannte, der ich einmal einen großen Gefallen getan habe, meinte eines Tages zu mir: »Als Graf brauchst du eine Bahncard – und zwar erster Klasse!« Als ich angesichts des Preises schon die Augen verdrehte, sagte sie: »Ich schenk dir eine. Aber nur unter der Vorraussetzung, dass du mir alle Geschichten erzählst, die du damit erlebst.« Unter diesen Umständen willigte ich natürlich sofort ein und sie gab mir vierhundertfünfzig Euro. Nun war ich stolzer Besitzer einer Bahncard erster Klasse, ausgestellt auf »Lo Graf von Blickensdorf«, und freute mich schon, sie auszuprobieren.

Ich brauchte sie früher, als mir lieb war. Denn kurz danach rief meine Schwester Sabine aus Münster an. Sie druckste erst etwas herum und sagte dann: »Annette ist tot!« Ich war geschockt.

Annette war die Mutter meines Sohnes. In meiner turbulenten Sex-and-Drugs-and-Rock'n'Roll-Zeit ging es in meinem Privatleben etwas drunter und drüber. »Wer zweimal mit der Gleichen pennt, gehört schon zum Establishment«, war damals die Devise und bestimmte auch mein Liebesleben.

Annette war eine kleine, hübsche schwarzhaarige Frau in Latzhose mit einem bezaubernden Lächeln. Sie war mein Aktmodell, aber zu einer richtigen festen Beziehung kam es nie. Sie hat mich damals nach der Geburt nicht als Vater angegeben und durch eine Verkettung unglücklicher Umstände ohne mein Wissen unser Kind zur Adoption freigegeben, obwohl ich ihr jede erdenkliche Hilfe angeboten hatte.

Dann ging ich nach Berlin und habe sie siebenundzwanzig Jahre nicht mehr gesehen. Wir begegneten uns erst wieder auf einer

Geburtstagsfeier in Münster. Sie war immer noch das kiffende Hippie-Mädchen mit dem bezaubernden Lächeln und fuhr auch noch den typischen Flower-Power-VW-Bus der damaligen Zeit. Wir hielten ab da wieder lockeren Kontakt. Ich wollte natürlich wissen, wie es meinem Sohn geht, den ich ebenfalls siebenundzwanzig Jahre nicht mehr gesehen hatte und von dem ich nicht wusste, wo er sich befand. Doch jedes Mal, wenn ich nach ihm fragte, verstand Annette es geschickt, diesem Thema auszuweichen.

Irgendwann bekam ich eine SMS von ihr, sie sei schwer erkrankt und habe nicht mehr lange zu leben. Doch ich nahm es nicht ernst, weil sie schon öfter irgendetwas Dramatisches erzählt hatte, das dann gar nicht so schlimm war. Aber dieses Mal stimmte es wohl. Es war eine Anzeige in der Lokalzeitung erschienen und meine Schwester las sie mir am Telefon vor. Das Seelenamt wäre am Freitag. Kein Wort von einer Beerdigung. Da ich keine Verwandtschaft von ihr kannte, konnte ich mich auch nicht nach einem Termin erkundigen. Aber wenigstens zum Seelenamt wollte ich da sein. Sofort buchte ich eine Bahnfahrt nach Münster und packte meinen Koffer. Insgeheim erhoffte ich mir ein Zusammentreffen mit meinem Sohn. Ich glaubte, ihn an den verschiedenfarbenen Augen zu erkennen, die ich ihm vererbt hatte.

An einem Freitagmorgen fuhr ich mit der S-Bahn und meinem Rollkoffer im Schlepptau in Richtung Berliner Hauptbahnhof. Ich saß inmitten von schreienden Kindern mit Hyperaktivitätssyndrom, überschminkten pubertierenden rosa-pink gekleideten kichernden Mädelchen und versteinert geradeaus schauenden vierzehnjährigen pomadigen Jungs mit Oberlippenflaum und Migrationshintergrund.

Ein gepiercter *Straßenfeger*-Verkäufer, der vergeblich mit perfekt artikuliertem Deutsch sein Blättchen anpries, verließ die S-Bahn am Bahnhof Zoo mit den Worten: »Ich wünsche allen noch eine gute Weiterfahrt …«, und fügte fast drohend hinzu: »… und eine friedliche vor allem!« Ich fragte mich, warum der mit seiner akzentuierten Aussprache nicht schon längst im mittleren Management arbeitete – wahrscheinlich wollte er sich nicht von dem Metall in seinem Gesicht trennen.

Im hochmodernen neuen Hauptbahnhof angekommen, durfte ich mit meiner Erster-Klasse-Bahncard in dem exklusiven Ambiente der Erster-Klasse-Lounge auf meinen Zug nach Münster warten. Nette aufmerksame Bedienungen versorgten mich mit kleinen Snacks, Getränken und Tageszeitungen, als ahnten sie, dass ich ein Graf bin.

Und das Schönste – alles umsonst! Das war ganz im Sinne des Gratis-Grafen. Wenn ich nicht gerade zu Annettes Beerdigung unterwegs gewesen wäre, hätte ich innerlich gejauchzt vor Lebensfreude.

Ich saß in einem dicken Sessel mit Ausblick auf das Bundeskanzlerinnenamt, über das schwarze Vögel kreisten. Oder waren es etwa Geier? Vielleicht war es ja »Afrika« mit ein paar Krähenkollegen auf Erkundungstour? Ich bildete mir ein, ihr kehliges Krächzen zu hören.

Ich beobachtete, wie schräg vor mir ein Politiker, flankiert von zwei kaugummikauenden Bodyguards, ununterbrochen irgendwas in sein Blackberry tippte. Dabei hing ihm immer die Zunge heraus, wie einem kleinen Jungen, der sich gerade zum ersten Mal selbstständig seine Schuhbänder binden will. Wahrscheinlich schreibt er gerade an den Wirtschaftsminister so schwierige Wörter wie »Eingangssteuersatz«, »Konjunkturprognosen«, »Zukunftsinvestitionsgesetz«. Später konnte ich erkennen, dass er irgend so ein Geschicklichkeitsspiel wie Tetris spielte.

Dann kam noch ein bekannter Fernsehmoderator mit mürrischem Gesicht und teurem Kofferequipment. Er hatte Augenringe so groß wie Fladenbrote und sein unrasiertes Kinn hätte auf einer Kakteen-Ausstellung den ersten Preis gewonnen. Als die Bedienung ihm einen schwarzen Kaffee brachte, sagte er noch nicht einmal danke. Aber im Fernsehen ist der doch immer so anbiedernd und übertrieben freundlich, dachte ich. Wahrscheinlich bleibt dann keine Freundlichkeit mehr über fürs Privatleben.

Dann wurde es Zeit und ich ging zum Bahnsteig, wo der Zug gerade einfuhr. Weil beim Bau des Hauptbahnhofs das monströse Glasdach aus Kostengründen verkürzt wurde, ist nun nicht der gesamte Bahnsteig überdacht. Und genau in dem unbedachten

Bereich halten die Erste-Klasse-Waggons. Ich hatte in der Zeitung gelesen, dass die Erste-Klasse-Fahrgäste bei Regen vom Servicepersonal mit Regenschirmen vom Erste-Klasse-Abteil abgeholt und in die trockene Halle begleitet werden. Ich hoffte sehr, dass es bei meiner Rückreise regnete.

Ich stieg in den Wagen ein und suchte meinen Platz im Großraumabteil. Wagen neun, Platz achtundfünfzig. Ein Fensterplatz mit Tisch. Dort saß bereits ein Herr vom Typ Geschäftsmann um die vierzig mit Halbglatze, obligatorischem weißen Hemd plus Krawatte und tischtennisballgroßen Augen, der in der *Financial Times* las. Er erinnerte mich an jemanden. Sein Sakko hing am Haken und war von Hugo Boss. Er muss wohl schon im Ostbahnhof eingestiegen sein. Auf dem Reservierungsschild sah ich, dass er bis Bad Oeynhausen fahren würde. Ich sagte nur kurz »Guten Tag«, hängte meinen Übergangsmantel an den Haken und machte es mir bequem. Leider saß ich nicht in Fahrtrichtung, doch das sollte mir die Reise nicht verübeln.

Das Abteil war nicht voll. Nur auf der gegenüberliegenden Seite saß noch eine ältere Dame mit einem großen Mund, die in Begleitung eines kleinen Mädchens war. Obwohl sie schon von Natur aus einen großen Mund hatte, war er zum Überfluss auch noch mit einem leuchtend roten Lippenstift bemalt, sodass er noch größer wirkte.

Als der Zug aus Berlin hinausratterte, kam der Schaffner. Er hatte eine Praktikantin im Schlepptau und kontrollierte meine Online-Fahrkarte und verlangte zusätzlich noch meine Kreditkarte und meine Bahncard. Dann zeigte er seiner Praktikantin meine Bahncard und flüsterte ihr grinsend etwas ins Ohr. Daraufhin strahlte mich die Bahnpraktikantin an. Schließlich sagte der Schaffner schmunzelnd: »Noch eine gute Reise, Herr Graf.« Da ließ mein Gegenüber die Zeitung sinken und zwei Tischtennisbälle mit Pupillen wie i-Punkte darauf schauten mich musternd an. ›Hm ...‹, dachte er wohl, ›... Seidenhalstuch, Tweedsakko, passendes Einstecktuch, gepflegte Hände mit protzigem Siegelring ... hm ... könnte wirklich ein Graf sein.‹

Ich schaute gespielt gelangweilt aus dem Fenster in die von

Windkrafträdern verschandelte Landschaft, die an uns vorbeiflog. Doch in mir arbeitete es, ich dachte fortwährend an Annette und ihren frühen Tod und daran, dass mein Sohn seine leibliche Mutter verloren hatte.

Plötzlich unterbrach mich eine leise Melodie, die stets lauter wurde. Es war ein Klingelton mit der Melodie von »Ich hab die Haare schön«. Er kam aus dem Boss-Sakko. Die Halbglatze hat wenigstens Humor, dachte ich. Er legte die Zeitung beiseite, nahm sein iPhone und ich hörte, wie er Wörter wie »Abgeltungssteuer ... bla ... Festgeld ... bla ... Cashflow ... bla ... bla ... und Tagesgeld ... bla ...« in sein Handy bellte. Ich verstand nur Bahnhof. Da wusste ich, an wen der mich erinnerte. An den viel zu früh verstorbenen englischen Komiker Marty Feldman.

Das kleine Mädchen auf der anderen Seite fragte die ältere Dame mit piepsiger Stimme: »Großmutter, was ist Cashflow?« Die überforderte Frau suchte verzweifelt eine Erklärung und stammelte etwas von »Sparkasse und so ...«.

Als der Mann das Telefongespräch beendet hatte, sah man kleine Schweißperlen wie Tautropfen auf seiner Stirn, und er entschuldigte sich bei mir, weil ich ihm einen genervten Blick hinübergeworfen hatte. Ich hasse es, wenn Leute ihren Mitmenschen ihre Telefongespräche aufzwängen. Ungezogen ist das, würde meine Mutter sagen.

»Entschuldigen Sie die Störung, war wichtig, Herr Graf.«

Ich war erstaunt, dass er mich mit »Graf« ansprach und fragte: »Oh, kennen wir uns?«

»Nein ...«, antwortete er und tupfte sich mit einem Papiertaschentuch die jetzt größer gewordenen Schweißtautropfen von seiner Glatze. »Der Schaffner erwähnte es ...«

»Ach ja, stimmt ...«, sagte ich gespielt lässig. Mal sehen, was jetzt kommt, dachte ich erwartungsvoll. Er stellte sich kurz als Inhaber einer Finanz- und Immobiliengesellschaft vor. Seinen Namen verstand ich akustisch nicht, weil genau in diesem Moment ein Gegenzug vorbeidröhnte. War ja auch nicht so wichtig.

»Falls Sie mal Fragen haben, hinsichtlich Ihrer Finanzen.« Ich hatte diesbezüglich keine Fragen.

Nach einer Ansage des Schaffners fragte das kleine Mädchen wieder: »Großmutter, was ist ein Umsteigebahnhof?« Erneut suchte die Frau nach Erklärungen, während die Halbglatze tief Luft holte.

»Denkmalgeschützte Immobilien sind die intelligente Geldanlage der Zukunft und das letzte wirklich lukrative Steuersparmodell in Deutschland und ...«, fing die Halbglatze nun ungefragt an.

Ich versuchte ihn zu unterbrechen. »Ich, äh ...«, und hob abwehrend die Hände. Aber er beachtete mich nicht, sondern redete einfach weiter.

»... und ist auch äußerst renditestark. Vergleichen Sie selbst, die Renditeleistungen der beiden britischen Top-Versicherer Royal London und Standard Life«, dabei klopfte er klatschend auf seine *Financial Times*, »... beide erzielten in den vergangenen Jahren zweistellige Ablaufrenditen, die ...«

Der Bistrokellner unterbrach jetzt seinen Redeschwall. »Möchten die Herren etwas zu essen?« Er reichte uns zwei Speisekarten. »Ich bringe es Ihnen selbstverständlich an Ihren Platz.«

»Oh, danke«, sagte die Halbglatze lächelnd und dirigierte seine Tischtennisballaugen auf die Speisekarte. Was war ich dem Kellner dankbar, dass er die Halbglatze vom Thema abgebracht hatte.

Ich blätterte nur pro forma in der Speisekarte. Hunger hatte ich schon, aber ich war gerade knapp bei Kasse und benutzte meine Teebeutel zu Hause schon zweimal. Ich hatte nicht das Geld, um im Zug essen zu können. Ich vertraute meinen beiden Schwestern, die mich immer in Münster vorzüglich verköstigten.

»Essen Sie etwas mit, Herr Graf?«, fragte der Finanzmakler. Doch noch bevor ich mir eine Ausrede ausdenken konnte, fügte er hinzu: »Kommen Sie, ich lade Sie ein.«

Ich willigte dankbar ein. Ein Glückstag, dachte ich.

»Alleine isst es sich nämlich nicht so gut.« Dem konnte ich nur heftig beipflichten.

»Großmutter? Was sind Kapazitäts-Engpässe?«, hörte ich das kleine Mädchen. Ich überlegte. Waren es etwa Rotkäppchen mit dem großen bösen Wolf, der sich nur als Großmutter verkleidet und zur Tarnung seinen großen Mund mit einem Lippenstift bemalt hatte? Aber warum frisst der große böse Wolf das Rotkäppchen nicht einfach auf? Dann hätte er endlich Ruhe vor der ewigen Fragerei.

»Was nehmen Sie denn?«, wurde ich von der Halbglatze aus meinen Überlegungen gerissen.

»Die Rindsroulade«, sagte ich, während mir schon bei der bloßen Vorstellung davon das Wasser unter meiner Brücke zusammen lief. Es muss hundert Jahre her gewesen sein, seit ich meine letzte Rindsroulade gegessen hatte. Der Bistrokellner nahm meine Bestellung auf. Ich wählte die Roulade an herzhafter Sauce, serviert mit Spätzle. Als Nachtisch nahm ich das Eisdessert Tartufo Classico.

Die Halbglatze nahm die Schleifennudeln mit Lachsrahmsauce und als »Dessert« einen Whiskey Glenfiddich.

Wir unterhielten uns über dies und das und ich vermied es, ihm länger in seine Glubschaugen zu gucken, weil ich Angst hatte, selbst welche zu kriegen.

Als der Zug in Wolfsburg hielt, kam unser Essen. Dort stieg zur unpassendsten Zeit eine schwitzende Frau mit großem Rollkoffer ein und kam schnaufend wie ein Walross in unser Abteil. Sie trug ein ärmelloses Oberteil und man sah ihre unrasierten Achselhöhlen. Kurz vermutete ich, sie hätte zwei langhaarige Hippies im Schwitzkasten.

»Kann mir wohl einer der Herren meinen Trolley ins Gepäckfach heben?«, fragte sie mit einem hilflosen Blick, den nur Frauen beherrschen. Schnell sprang ich auf und verstaute mit Schwung ihren schweren Koffer, um zügig wieder zu meinem Essen zu kommen.

»Großmutter, was ist ein Trolley?«, fragte Rotkäppchen mit hohem Stimmchen den ratlosen großen bösen Wolf.

Die Halbglatze und ich widmeten uns wieder unserem Essen. Die Halbglatze raunte mir zu: »Tz, tz, tz, Frauen gibt's ...« Ich fühlte mich in den Speisewagen des Orientexpresses der Dreißigerjahre versetzt. Oder in meinen Lieblingsfilm *Eine Dame verschwindet* von Alfred Hitchcock, in dem zwei englische Kricket-Fanatiker im Speisewagen mit Zuckerstückchen legendäre Kricketspiele aus der Vergangenheit nachspielen. Wunderbar komisch!

»Mich interessieren nur drei Dinge: Geld, Einkommen und Reichtum«, sagte die Halbglatze mit vollen Backen kauend.

Ich lachte über seinen Gag.

»Ich habe früher als junger Mann in einem Inkassobüro gearbeitet. Da konnte man allerhand lernen.«

»Apropos Geld eintreiben …«, antwortete ich darauf. »Da fällt mir die Geschichte meiner afrikanischen Exfrau Juliet ein.«

Sie war auch eine gute Geldeintreiberin. Als ich sie kennenlernte, sah sie aus wie Naomi Campbell und als wir uns trennten, wie Ella Fitzgerald (dank meiner Kochkunst).

Ich erzählte ihm die Geschichte:

»Meine Frau hatte damals eine Freundin aus Ghana, die sich illegal in Deutschland aufhielt. Um Geld zu verdienen, arbeitete sie für ein Gebäudereinigungsunternehmen. Da der Chef des Unternehmens ahnte, dass sie sich illegal in Deutschland aufhielt, zahlte er ihr nur eine Teilsumme ihres Lohnes. Fünfhundert Euro behielt er aus fadenscheinigen Gründen ein. Er ging davon aus, dass sie ihn nie verklagen würde.

Doch da hatte er nicht mit meiner Frau gerechnet. Als sie von der Geschichte erfuhr, ging sie mit ihrer Freundin ins Büro des Chefs und verlangte die noch ausstehenden fünfhundert Euro. Doch der Mann lachte nur, ließ die Frauen links liegen und wandte sich wieder seinem Computer zu. Meine Frau jedoch setzte sich mit ihrer Freundin auf zwei Stühle vor seinen Schreibtisch. Sie warteten einfach. ›Wir haben Zeit.‹ Sie nannten das die ›afrikanische Lösung‹. Als der Mann mit der Polizei drohte, sagte meine Frau, sie hätten keine Angst davor. Dann würden sie erzählen, dass er Putzfrauen illegal beschäftige. Nach zwei Stunden liefen ihm kleine Schweißrinnsale seinen Nacken hinunter und er konnte sich überhaupt nicht mehr auf seine Arbeit konzentrieren. Aber er wollte nicht nachgeben. Aber da hatte er nicht mit dem Steh- bzw. Sitzvermögen der beiden Frauen gerechnet. Nach viereinhalb Stunden war der Mann so zermürbt, dass er freiwillig entnervt die fünfhundert Euro aushändigte. Afrikaner können sehr gut warten. Wenn in Afrika einmal ein Bus nicht kommt, was öfter passiert, wartet man unter Umständen drei Tage und vertreibt sich irgendwie die Zeit. In Afrika wird Zeit anders bemessen.«

Die Halbglatze lachte und sagte: »Gute Geschichte«, dann tunkte er seine voll beladene Gabel mit Schleifennudeln in die Lachsrahmsoße und schob sie sich genüsslich in den Mund.

Ich beobachtete, dass die schwitzende Frau nun Kopfhörer aufhatte und mit leerem Blick aus dem Fenster schaute. Gut, dass sie nicht auch noch nach Schweiß riecht und man ihre Achselbehaarung nicht sehen kann, dachte ich, während ich ein Stück von der schmackhaften Rindsroulade in den gräflichen Mund beförderte. Über den Bordlautsprecher hörte man folgende Ansage: »Nächster Halt ist Hannover... Sie haben Umsteigemöglichkeiten nach... bla... bla... der ICE 26 nach Dortmund über... bla... bla... bla... fällt aufgrund eines Triebkopfschadens aus.«

»Großmutter? Was ist ein Triebkopfschaden?«, piepste das Mädchen.

Plötzlich stach mein Gegenüber mit seiner Gabel so vehement in meine Richtung, als wäre ich Moby Dick und er Käpt'n Ahab, und ich musste befürchten, dass seine Lachsrahmsoße meine Kleidung beschmutzte. Nur wenige Zentimeter vor meiner Brust hielt er inne. Ich hatte Glück und blieb fleckenlos. Beinahe hätte ich mich jedoch noch an dem herrlich mürben Rindfleisch verschluckt.

»Haben Sie Ihr Vermögen gut angelegt?«, fragte er mich streng und seine Augen glubschten in meine Richtung.

Ich ahnte, warum er mich zum Essen eingeladen hatte. Er wollte Geschäfte mit mir machen. Wenn der wüsste, dachte ich amüsiert. Die Bahn-Praktikantin lief an mir vorbei und schenkte mir ein bezauberndes Lächeln.

»Vermögen? In der heutigen Zeit?«, fragte ich zurück, während ich der Praktikantin amüsiert hinterherschaute und ihr vielversprechendes Fahrgestell bewunderte.

»Natürlich haben Sie Immobilien. Das sehe ich Ihnen doch an der Nasenspitze an.« Dabei wischte er mit der letzten verbliebenen Schleifennudel die restliche Lachsrahmsoße vom Teller und steckte sie genießerisch in den Mund.

Ich fühlte mich geschmeichelt.

»Bedaure, ich gehöre nur zum Etagenadel«, sagte ich wahrheitsgemäß und fügte weise hinzu: »Besitz macht nur Sorgen.« Das Gesicht der Halbglatze verdunkelte sich.

Wir hielten jetzt in Hannover Hauptbahnhof. Die Frau mit dem Mädchen stieg hier aus. Erst jetzt sah ich, dass die beiden einen Korb dabeihatten, dessen Inhalt von einem rot-weiß karierten Tuch abgedeckt war ... Ob wohl eine Flasche Wein und ein leckerer Napfkuchen darin waren? Am liebsten hätte ich jetzt gerufen: »Großmutter, warum hast du so einen großen geschminkten Mund?«

»Damit ich Sie besser küssen kann, Herr Graf!«, hätte der große böse Wolf dann geantwortet.

Ich war froh, dass ich diese Frage nicht gestellt hatte und so stiegen die beiden unbehelligt mit ihrem Korb aus, während der Finanzhai sein »Dessert«, den Glenfiddich, mit einem Zug austrank, sich wohlig schüttelte und »Ahhh...« machte.

Die Frau mit der buschigen Achselbehaarung lauschte nun mit geschlossenen Augen ihren Kopfhörern. Wahrscheinlich hatte sie das Hörbuch *Feuchtgebiete* von Charlotte Roche in ihrem MP3-Player, in dem es nur um so unästhetische Dinge wie Körperbehaarung und Körperflüssigkeiten geht, und fühlte sich nun bestätigt ob ihrer buschigen Achseln.

Als sich der Zug wieder in Bewegung setzte und ich gerade mein leckeres Eisdessert Tartufo löffelte, hakte die Halbglatze noch einmal nach.

»Jetzt mal Butter bei die Fische, Herr Graf. Irgendein klitzekleines Schlösschen werden Sie doch noch haben, oder?«

»Ja, mehrere«, log ich schelmisch und sein Gesicht hellte sich auf, als wäre er ein Goldgräber, der gerade auf eine fette Goldader gestoßen ist. Ich machte eine lange Pause, um es für die Halbglatze spannender zu machen. Dann sagte ich grinsend: »An jeder Tür eins.«

Sein Gesicht verdunkelte sich wieder.

»Ich sagte doch schon, Etagenadel«, und fügte hinzu: »Ich bin kein Hausbesitzer, sondern war früher Hausbesetzer.«

Jetzt riss der Mann seine schon von Natur aus großen Augen noch weiter auf, für die sich spätestens jetzt ein Billardkugelfabrikant brennend interessiert hätte.

»In Ihrem Alter?«, fragte er mich erstaunt.

»Nein, damals, als ich noch ein junger Dachs war.«

»Das glaube ich Ihnen trotzdem nicht.«

»Doch, das stimmt.«

»Sie mit Ihren feinen Manieren?«

»Auch Hausbesetzer haben feine Manieren.«

»Das passt doch gar nicht – Graf und Hausbesetzer.«

»Und ich hasse heute noch Spekulanten«, fügte ich in Anbetracht meines erhöhten Alters hinzu. »Erst kürzlich ist in Münster ein lange Jahre besetztes Haus geräumt worden.«

Ich redete mich in Rage: »Außerdem hatten die Stadtoberen tatsächlich ernsthaft vor, auf einen der schönsten Binnenplätze Europas, dem Hindenburgplatz, eine Konzerthalle zu setzen, obwohl kein Bedarf bestand – völlig absurd!«

»Ach, das wusste ich nicht«, sagte die Halbglatze enttäuscht, weil wir von seinem Thema abgekommen waren.

Er zeigte nun immer weniger Interesse an mir und aus dem Bordlautsprecher schallte: »Nächster Halt Bad Oeynhausen. Sie haben Umsteigemöglichkeit nach …«

Ich hatte plötzlich Spaß daran, die Halbglatze etwas zu quälen: »Es gab mal in Münster eine Politrockband, die Gebrüder Engel, für die ich die meisten Plattencover gemalt habe, auf denen ich mich immer selbst in einem Ringelhemd und Glatze dargestellt habe. Die Gebrüder Engel hatten einen Songtext und der ging so:

Ich schwör dir, Bonze – du wirst verstehen,

Bevor das eintritt, wird so mancher von euch gehen.

Der Himmel wird dann brennen

Und ihr sollt rennen,

Und stellt euch drauf ein,

Ihr werdet einsam sein.«

Die Halbglatze war inzwischen aufgestanden und machte sich bereit zum Aussteigen. Etwas kleinlaut murmelte er: »Ich wusste gar nicht, dass es linke Adelige gibt.«

»Sie steigen hier aus?«, fragte ich ihn scheinheilig.

»Ja. Reha in Bad Oeynhausen. Schilddrüse«, sagte er entschuldigend, während er seinen Koffer aus dem Gepäckfach hievte. Ich bedankte mich bei ihm für die Essenseinladung und wünschte gute Besserung.

Geschockt von meinem Outing verließ die Halbglatze mit den nun etwas kleiner wirkenden Tischtennisballaugen das Großraumabteil. Er hatte aufs falsche Pferd gesetzt.

Wahrscheinlich hat die Frau mit den buschigen Achselhaaren mehrere Mietshäuser, in denen nur Frauen mit buschiger Achselbehaarung wohnen. An die hätte die Halbglatze sich ja wenden können.

Als der Zug auf dem Bahnsteig in Münster einrollte, erwarteten mich dort schon meine beiden Schwestern Claudia und Sabine. Wir freuten uns über unser Wiedersehen, obwohl der Anlass meines Besuches ein trauriger war. Als ich an einem Spiegel vorbeiging, bemerkte ich erleichtert, dass ich keine Glubschaugen bekommen hatte. Draußen marschierten wir durch ein Meer von Fahrrädern zum Auto, um zur Kirche zu fahren.

Münster hat so viele schöne Seiten. Sie ist nicht umsonst zur »Lebenswertesten Stadt der Welt« gekürt worden. Es gibt dort eine wunderschöne Altstadt mit einer Promenade rund um die Stadt, die durch ihre Nähe zu den Niederlanden auch sehr fahrradfreundlich ist. Es gibt sogar ein Parkhaus für Fahrräder. Auf dem romantischen Wochenmarkt am Dom, wo man manchmal auch meinen Freund, den Jazzmusiker und Entertainer Götz Alsmann treffen kann, bekommt man die leckersten Sachen und es riecht dort nach allerlei Gewürzen und Kräutern wie auf einem orientalischen Basar.

Sogar eine kuriose eigene Sprache gibt es in Münster. Die »Masematte«, das ist eine Mischung aus Jiddisch, Zigeunersprache, Gaunersprache und lateinischen Einflüssen. Da sie nur die »kleinen Leute« konnten, wurde sie so eine Art Geheimsprache.

Wenn in der Kneipe etwas Kriminelles ausgeheckt wurde, konnte der Polizist am Nebentisch nicht verstehen, was da geredet wurde. Ein typischer Satz auf Masematte ist zum Beispiel: »Was schmust der Osnick?« Das heißt übersetzt: »Was sagt die Uhr?«

Aber irgendwie ist das nie meine Stadt gewesen, obwohl ich dort geboren bin. Ich fühlte mich dort nie richtig wohl. Wie ein Transsexueller, der in einem falschen Körper geboren ist, war ich in der falschen Stadt zur Welt gekommen. Als ich zum ersten Mal in Berlin war und ein Schild sah, auf dem stand: »Frühstück bis zweiundzwanzig Uhr«, da wusste ich, das ist meine Stadt. Seit über fünfundzwanzig Jahren ist die Hauptstadt nun meine große Liebe! Ich fühle mich wie ein Berliner. Immer wenn ich in Münster bin, fällt mir mein Münster-Song ein. Ich hatte mal für eine Fernsehserie eine Liebeshymne an Münster geschrieben. Sie wurde leider nie vertont. Damit ich sie nicht ganz umsonst geschrieben habe, sei sie hier noch mal zitiert:

»Münster« (nach der Melodie von »Sunny«)
Text: Lo Graf von Blickensdorf; Musik: Bobby Hebb

Münster, deine Regentropfen schmecken nach Doppelkorn.
Münster, dein Regen bringt mich wieder ganz weit nach vorn.
Manchmal gehe ich durch den Regen ganz allein,
dann sagst du: »Lass' uns beide wein'n.«
Und wir tun es!
Münster, so bist du, I love you.

Münster, deine Nächte sind schwarz wie Pumpernickel.
Münster, deine vielen Kirchen sind mir lieb wie Sommer-Pickel.
Und auf den Stufen am Aasee beim Sternenschein,
kann man so schön rauchen, träumen und einsam sein.
Münster, so bist du, I love you.

Münster, du westfälisches San Franzisko.
Münster, du glockenleutendes Sonntagsmonster.
Irgendwie vergess' ich es jedes Mal,
dass du auch still sein kannst, wie ein Lauheide-Grab.
Münster, so bist du, I love you.

Hat das Zeug zur Münster-Hymne, oder? Mit dieser melancholischen Melodie im Ohr fuhren wir mit dem Auto direkt zu der Kirche, in der das Seelenamt abgehalten werden sollte. Pietätvoll betraten wir sie. Doch niemand war da! Die Kirche war leer. Wir dachten schon, dass wir uns in der Zeit vertan hätten. Fünf Minuten vor der Trauerfeier füllte sich das Gotteshaus erst und die Zeremonie begann. Ich versuchte, bekannte Gesichter auszumachen. Leider erkannte ich niemanden. Auch war kein junger Mann Ende Zwanzig mit unterschiedlichen Augenfarben da, der mir ähnlich sah. Der schinkenspeckgesichtige Priester hielt eine austauschbare Trauerrede, und ich dachte an alle guten und schlechten Erlebnisse mit Annette.

Während ich noch an sie dachte, standen alle auf und gingen wieder hinaus. Ich war froh, dass es zu Ende war, denn ich hasse dieses ganze scheinheilige Zeugs. Die Glocken begannen so laut zu läuten, dass einem das Trommelfell juckte. Wir beschlossen, auf den nahe gelegenen Friedhof zu gehen, um das Grab von Annette zu suchen. Dort, wo die meisten schwarzen Leute standen, war es dann auch. Blumen und Kränze häuften sich darauf. Auf den Grabschleifen stand: »Wir vermissen Dich, Annette«, »Tschüss, Annette« und einfach nur »Warum?«. Ich legte eine rote Rose dazu und hielt einen Augenblick andächtig inne, verabschiedete mich von Annette. Ein schwarz gekleideter Mann stand ebenfalls trauernd am Grab und ich versuchte, ihn in ein Gespräch über sie zu verwickeln. Vielleicht erfuhr ich ja Einzelheiten über ihren Tod.

»Liegt hier Annette?«, sprach ich ihn an.

»Jau, arme Annette. Tja, das Leben kann ganz schön schofel sein.«

Ich nickte bestätigend. »Schofel« ist das Masematte-Wort für »schlecht«.

Noch ehe ein Gespräch in Gang kam, verabschiedete er sich. »So. Ich muss jetzt nach Beis.« Nach Hause sollte das heißen. Der Mann entfernte sich schnell, da es gerade anfing zu regnen. Typisch Münster, dachte ich, entweder es regnet oder die Glocken läuten. Jetzt sogar beides. Voller Trauer fuhr ich mit meinen

Schwestern in ein gemütliches Café am Domplatz, wo wir uns noch eine Zeit lang über Annette unterhielten. Meine Schwestern spendeten mir Trost und gaben mir die ausgeschnittene Todesanzeige zur Erinnerung.

Am nächsten Tag ging ich mit meinem Rollkoffer wieder in Richtung Bahnhof, um die Rückfahrt anzutreten. Ich stand an einer Straße und wartete darauf, dass ich auf die andere Straßenseite wechseln konnte. Nur noch der BMW und ein VW-Bus. »Moment!«, dachte ich. Fuhr Annette nicht so einen Hippie-Bus? Ich schaute hinein, als der Wagen an mir vorbeifuhr, und erschrak. »Das kann doch nicht wahr sein!« Da saß tatsächlich eine Frau am Steuer, die wie meine Annette aussah. Oder war es ihr Geist? Ich verstand die Welt nicht mehr. Sie war an mir vorbeigefahren, musste aber an einer hundert Meter entfernten Fußgängerampel bei Rot halten. Ich sprintete los, quer über die Straße. In meiner Aufregung hatte ich den metallicfarbenen BMW im Gegenverkehr übersehen, der mit quietschenden Reifen eine Vollbremsung machte. Der Fahrer rief: »Ey, biste schicker, du Laumalocher?« – »Ey, bist du besoffen, du Faulenzer?«

»Sorry, aber da fährt 'ne Tote!«, rief ich ihm im Vorbeirennen zu. »Ja, ja, und ich bin Knipperdolling.« Bernd Knipperdolling war einer der Wiedertäufer, der 1536 auf dem münsterschen Prinzipalmarkt mit glühenden Zangen zu Tode gequält und in einem Käfig am Turm der Lambertikirche zur Schau gestellt wurde.

Die Ampel schaltete schon wieder auf Grün und ich gab noch mehr Speed. Das Training mit Aykut zahlte sich aus. Trotz meiner unsportlichen Budapester erreichte ich in olympiareifer Rekordzeit den VW-Bus, der gerade wieder anfahren wollte. Aufgeregt klopfte ich an die Beifahrer-Scheibe. Die Fahrerin öffnete die Beifahrertür.

»Ja, was ist denn?«, fragte sie genervt.

Ich war mir jetzt ganz sicher, dass es Annette war. Es war ihre Stimme. Und ihr Aussehen. Aber wieso? Ich war doch gestern auf ihrer Beerdigung?

»Ich bin's, Lo«, sagte ich schwer atmend wie kurz nach einem Orgasmus und ich starrte sie ungläubig an.

Sie erkannte mich und lächelte. Sie sah kerngesund aus! Da war es wieder: ihr bezauberndes Lächeln! Ihr Blick wie frischer Morgentau, ihre bloße Anwesenheit streichelte mein Herz! Hinter ihr begann ein Hupkonzert. Während Annette rechts ran fuhr und die Straße frei machte, holte ich meinen Rollkoffer, der noch herrenlos am Straßenrand stand.

»Häh? Wie siehst du denn aus?«, fragte sie, als ich zurück war, und betrachtete neugierig meine Grafen-Kleidung.

»Hab dich in deinen Spießerklamotten fast nicht wiedererkannt.«

Spießerklamotten! Grafen-Kleidung ist das. Aber ich wollte jetzt nicht mit ihr herumstreiten, sondern wollte wissen, warum sie wieder lebte.

»Ist 'ne lange Geschichte, Annette. Erzähl ich dir ein anderes Mal.«

»Warum haste nicht angerufen?« Annette griff zu einer Packung Tabak, die auf dem Armaturenbrett lag und drehte sich eine dünne Zigarette. Die ist gut, dachte ich, Tote haben keine Handys.

»Ich dachte, du wärst tot«, sagte ich immer noch etwas kurzatmig.

»Du hast schon mal bessere Witze gemacht.«

»Nein, im Ernst. Ich war gestern auf deiner Beerdigung.«

»Komm, hör auf.« Annette steckte sich die dünne Zigarette an und blies den Qualm aus ihrem Fenster hinaus.

»Nein, wirklich. Die Beerdigung war von Annette Hugenkämper, Jahrgang 1960. Das bist du doch, oder?«

»Ja. Aber ich lebe noch, wie du siehst.«

»Aber wie ist das möglich?«

Eine Verwechselung hielt ich für ausgeschlossen. So ein seltener Name und sogar der Jahrgang stimmte. Ich zeigte ihr ihre eigene Todesanzeige.

Sie warf einen kurzen Blick darauf und grinste.

»Wenn du genau hingeguckt hättest, wäre dir aufgefallen, dass ich nicht im August, sondern im Mai 1960 geboren bin.«

»Ach so. Und wer ist dann das?«

»Das kann nur meine Namensvetterin aus Hiltrup sein.«

»Ach, du hast eine Namensvetterin?« Annette nickte kurz, drückte ihre Zigarette auf einer leeren Coladose aus und steckte sie durch die Öffnung. Dann schüttelte sie die Dose und ließ sie in der Unordnung ihres Autos wieder verschwinden.

»Ich hab sie mal auf den Bundesjugendspielen im Preußen-Stadion kennengelernt.«

»Ach ja?«

»Du, Lo, sei mir nicht böse, aber ich hab's eilig.«

»Okay.«

»Wir können ja heute Abend zusammen 'ne Pizza essen gehen.«

»Kann nicht. Mein Zug fährt gleich wieder. Bin ja nur wegen deiner Beerdigung da.«

»Gut, kann man nix machen – dann Tschüssie!«

»Hast du mal was von unserm Sohn gehört?«

»Keine Zeit«, sagte sie und fuhr mit quietschenden Reifen los, obwohl die Ampel fast schon wieder auf Rot umgesprungen war. Die offene Beifahrertür klappte durch den Kickstart von allein wieder zu.

Ich schaute dem bunt bemalten Hippie-Bus irritiert hinterher. Träumte ich gerade? Ich kniff mir in die frisch rasierte Wange. Nein, kein Traum. Totgeglaubte leben länger, dachte ich. Und mein Sohn hat nun doch noch eine leibliche Mutter.

Dann informierte ich meine beiden Schwestern per Handy von der Begegnung mit einer vermeintlich Toten und ging anschließend völlig aufgewühlt zum Bahnhof. Es fing mal wieder an zu regnen. Das Schönste an Münster ist immer der Zug nach Berlin, dachte ich gehässig. Ganz so böse meine ich das natürlich nicht, aber als Gagautor würde man eher seine Mutter an die somalischen Seeräuber verraten, als einen guten Gag verschenken.

Mein Zug stand schon bereit und ich nahm wieder denselben Platz ein wie auf der Hinfahrt. Aber dieses Mal in Fahrtrichtung. Das Großraumabteil in der ersten Klasse war nicht voll. Nur ein beigefarben gekleidetes älteres Rentnerehepaar, das sich fortwährend anschwieg, und eine schwarz gekleidete Nonne mit flaschenbodendicken Brillengläsern, die in einer Zeitschrift für Darmspiegelung las, befanden sich im Abteil.

In meinem Kopf arbeitete es. Ein Mensch, den man für tot hielt, lebte wieder! Ich war ziemlich durcheinander und atmete mehrmals tief durch. Die Tibeter sagen: Nur ein ruhiges Gewässer wird wieder klar. Als der Zug sich in Bewegung setzte, genoss ich die schöne grüne Parklandschaft des Münsterlandes, die mich trotz Regens wunderbar beruhigte.

Der Schaffner, ein anderer als gestern und heute leider ohne Azubine, kontrollierte meine Fahrkarte und wünschte mir freundlich: »Weiterhin gute Fahrt!« Ist schon eine tolle Sache, Bahn fahren, dachte ich. Ich habe immer nur gute Sachen erlebt und verstehe nicht, dass die Bahn einen so schlechten Ruf hat.

Ich beobachtete amüsiert, wie die Frau des Rentnerehepaars alle fünf Minuten imaginäre Haare und Fusseln von der Schulter ihres pandafaulen Ehemannes zupfte, der immer nur den einzigen Satz fragte: »Müssen wir nicht gleich umsteigen?«, worauf die Frau immer mit schwerem westfälischem Zungenschlag antwortete: »Nein, Heinrich, erst in Osnabrück.«

Die Nonne war in ihr Fachblatt für Darmspiegelung vertieft und schrieb gelegentlich mit einem kleinen Bleistiftstummel Anmerkungen hinein. Wahrscheinlich heißt sie »Schwester Rosetta«. Ich grinste und notierte den Gag in mein kleines schwarzes Notizbuch. Der ist gut, dachte ich. Schwester Rosetta! Haha. Seitdem ich einmal eine Zeit lang für Harald Schmidt Witze geschrieben hatte, habe ich mir das zur Gewohnheit gemacht. Sie fuhr sicherlich zu einem Darmspiegelungskongress nach Berlin. Ich stellte mir vor, wie sie aufgrund ihrer schlechten Augen mehrere Anläufe brauchte, um den Schlauch mit der Kamera einzuführen, ganz so, als wolle man einen Faden in eine Nähnadel einfädeln.

Auch ich habe mal eine Darmspiegelung machen lassen. Dort arbeitete keine Nonne, sondern ein schwuler Radiologie-Assistent, der immer den Schlauch mit der Kamera den Patienten einführen musste. Da habe ich gedacht, was muss der Mann glücklich sein.

Der Zug jagte durch saftiges Weideland, auf dem schwarzbunte Kühe dem schlechten Wetter trotzten, und der Regen peitschte gegen das Fenster. Es war schön anzusehen, wie der Fahrtwind die Tropfen in ein feingliedriges Geäst zerstob. Wir erreichten Osnabrück und es regnete dort ebenfalls. Plötzlich entstand Unruhe. Das beigefarbene Ehepaar stieg aus, und ein anderes farbloses Ehepaar mit den Ausmaßen der Wildecker Herzbuben stieg ein, die dünne, durchsichtige Regenhäute von der Größe eines Zirkuszeltes trugen. Gerade als ich das neu hinzugestiegene Paar noch neugierig musterte, stand da eine nervöse, vom Regen durchnässte junge Frau mit vielen umgehängten Taschen vor meinem Platz.

»Wagen neun, Platz achtundfünfzig?«

»Ja«, sagte ich.

Sie hatte halblange, leuchtend kupferrote Haare, von deren Spitzen Wassertropfen auf ihre Schultern fielen.

»Das ist *mein* Platz«, sagte sie mit jugendlicher Flamboyanz und wedelte mit einer Platzkarte. Ich stand auf. Ein dickes russisches Ehepaar mit bis zum Platzen gefüllten Lidl-Tüten schob sich unter ständigen »Dawai-Dawai«-Rufen schwitzend vorbei, sodass die junge Frau gegen mich geschoben wurde. Ich spürte ihren weichen Körper und sie roch sensationell gut. Ich zog meine Fahrkarte hervor und zeigte sie ihr. Auch ich hatte den Platz achtundfünfzig im Wagen neun. Ich schaute auf das Reservierungsschild über den Sitzen. Dort stand nur, dass der gegenüberliegende Platz ab Hannover reserviert ist und Platz achtundfünfzig ab Münster und nicht ab Osnabrück.

Ich bat die Frau, sie solle erst einmal Platz nehmen, bis der Bahnschaffner käme. »Wir werden das schon alles aufklären«, beruhigte ich sie. Sie setzte sich gegenüber von mir hin. Ich reichte ihr eine Tüte Fisherman's Friend mit Zimt. Sie klaubte sich eines heraus und steckte es in ihren sinnlichen Mund. »Danke.«

Ich musterte sie aus den Augenwinkeln. Sie hatte ein apartes Gesicht mit grünen Augen und ihr schneeweißes, bauchfreies, vom Regen durchnässtes Shirt spannte über ihrer Brust, gab eine schöne Form preis. Ihre glatte Haut glänzte wie edles Porzellan. Sie war eine Frau, für die ein katholischer Kardinal ins Weihwasserbecken gepinkelt hätte.

Endlich kam der Schaffner. Er schaute sich ihre und meine

Fahrkarte plus Bahncard genau an. Er stellte fest, dass auf meiner Fahrkarte nur mein bürgerlicher Name stand, aber auf der Bahncard »Graf von Blickensdorf«. Ich erklärte, dass ich vergessen hätte, das bei der Online-Buchung zu ändern. Dann verglich er die Platzreservierung mit der der jungen Dame. Resigniert stellte er fest, dass wohl eine Doppelbuchung vorläge. Wir sollten uns irgendwie einigen. Platz wäre ja noch genug da. »Sie werden sich schon vertragen«, zwinkerte er uns konspirativ zu.

Ich bot der jungen Frau meinen Fensterplatz in Fahrtrichtung an, aber sie lehnte dankend ab. Dann erzählte sie, dass sie zum ersten Mal nach Berlin fahre, eine Freundin besuchen, während sie aus einer ihrer Taschen ein rosafarbenes Handtuch zog und ihre nassen Haare frottierte. »Scheißwetter«, sagte sie und bibberte jetzt vor Kälte. Ich bot ihr meinen Übergangsmantel an, den sie sich gern über die Schultern legte. Sie gehört wahrscheinlich zu den neunundneunzig Prozent aller Frauen, die immer frieren und kalte Füße haben.

Ich gab meiner Hoffnung Ausdruck, in Berlin möge es ebenfalls regnen. »Häh? Warum das denn?«, fragte sie. Weil man dann vom Servicepersonal mit Regenschirmen abgeholt werden würde, klärte ich sie auf. »Cool«, sagte sie und packte das Handtuch wieder weg.

»Ich studiere an der Fachhochschule in Osnabrück Industriedesign.«

»Interessant. Ich bin Maler und ...« Sie unterbrach mich aufgeregt. »Oh, cool!«, und plapperte einfach weiter. Sie wollte demnächst in Berlin zur UdK gehen. Kunst und Medien. Auf Industriedesign hätte sie keinen Bock mehr. Sie schwatzte in jugendlicher Unbedarftheit über »blöde Profs«, »bescheuerte Werkstoffkunde« und »öde City Osnabrück«.

Ich hörte ihr gelangweilt zu und dachte an meine Studentenzeit, als man mehr Sit-ins machte als Kunst. Plötzlich zog sie aus einer ihrer Taschen ein Notebook hervor.

»Darf ich Ihnen was von mir zeigen?« Sie nahm sich nun meinen Mantel von ihren Schultern und gab ihn mir zurück. Sie hatte sich wahrscheinlich warm gequatscht.

»Aber gern«, sagte ich. Sie setzte sich kess neben mich und klappte ihr Notebook auf. »Meine letzte Semesterarbeit«, sagte sie und beugte sich dabei ganz nah über mich. Ich roch sie wieder und sog heimlich ihren betörenden Duft ein. Unsere Körper berührten sich und ich schauderte etwas. Die Nonne schaute schmallippig zu uns herüber.

Sie zeigte mir ihre Entwürfe einer selbst gestalteten ergonomischen Computermaus in 3D-Grafiken, die mich nicht so vom Hocker rissen wie ihre erotische Ausstrahlung. Lieber wollte ich etwas anderes von ihr sehen …

»Sie sind ein Graf?«, fragte sie mich wie aus heiterem Himmel und schaute mich an.

»Ja – und Grafiker.« Ich musste selbst über meinen Witz grinsen.

»Also schwul?«, fragte sie.

»Oh, nein.« Jetzt ärgerte ich mich über meinen Witz und versuchte wieder Boden zu gewinnen. »Ein Zitronenfalter faltet doch auch keine Zitronen, oder?«

»Stimmt«, lächelte sie kokett, rekelte sich wohlig und hob ihre Arme, um sie hinter ihrem Kopf zu verschränken. Sie hatte schöne, stramme, leicht gebräunte Oberarme, die auf der Unterseite etwas heller waren. Ihre Achseln waren rasiert. Am linken Oberarm sah ich ein kunstvoll gestochenes Tattoo – eine Rose.

»Welches Sternzeichen?«

»Wassermann …«, sagte ich und fügte grinsend hinzu, »… Aszendent Graf.«

»Ich Steinbock«, sagte sie ungefragt. Schade, dachte ich enttäuscht, Steinbock und Wassermann passt nicht so gut. Ich behielt es aber für mich.

»Sie riechen gut«, flirtete sie plötzlich und streckte und dehnte ihren Körper wie eine Raubkatze nach dem Aufwachen.

Ich war geschmeichelt. Die Investition in den teuren Rasierschaum von Issey Miyake hatte sich wohl gelohnt.

»Das Kompliment kann ich Ihnen nur zurückgeben«, entgegnete ich. »Sie riechen ebenfalls ganz verführerisch.«

Sie schaute mich mit ihren grünen Augen sinnlich an, die mich jetzt an eine Schmusekatze erinnerten. Sie kam noch etwas näher, sodass ich die volle Wärme ihres Körpers spürte. Ich kam mir vor wie Butter in der Sonne.

»Ich steh auf ältere Männer«, hauchte sie, als wolle sie sich für ihre Anmache entschuldigen.

Ihre Hand lag jetzt sanft auf meinem Oberschenkel und ein Stromstoß durchfuhr mich.

Ich strich verlegen über mein Menjou-Bärtchen. Nervös schaute ich aus dem regennassen Fenster, nahm aber die vorbeifliegende Landschaft gar nicht richtig wahr. Unauffällig wischte ich mir meine schwitzenden Hände unter dem Tisch an meiner Glencheck-Hose mit dem aufwendigen Karomuster ab, die meinem senfgelben Sakko aus reiner Schurwolle das gewisse Etwas verlieh, das bei der Damenwelt anscheinend eine erotisierende Wirkung auslöste.

Ich überlegte: Ich hätte ihr Vater sein können. Mochte sie mich alten Sack wirklich? Ich fühle mich zwar wie achtundzwanzig und sehe aus wie achtundvierzig, bin aber schon achtundfünfzig. Spürte sie das? Oder spielte sie nur mit mir? Wollte sie nur triumphierend am Hauptbahnhof in Berlin einen älteren Typen kurz vor dem Herzinfarkt im Zug zurücklassen? Um sich dann später mit ihrer Freundin in irgendeinem Szene-Schuppen in Friedrichshain kaputtzulachen? »Boah, wie geil ist *das* denn?«, würde ihre Freundin dann sagen und sie würden mit ihren Bionade-Flaschen anstoßen.

Ihre Hand wanderte jetzt langsam höher bis zu meinen gräflichen Kronjuwelen. Ich spürte, wie mein alter Kamerad anschwoll. Sie meinte es wohl ernst. Ich verzog keine Miene.

»Hast du auch Lust?«, flüsterte sie mir ins Ohr. Dann fixierte sie mich mit einem Blick, der mich an Verona Poth erinnerte, wenn sie ihren Franjo ansah.

»Wo?«, fragte ich knapp, obwohl mir klar war, dass man es wohl schlecht im Abteil treiben konnte. Es gab nur einen Ort dafür. Wahrscheinlich wollte ich mich nur noch mal vergewissern, ob sie auch wirklich wollte.

»Klo«, sagte sie knapp.

Ich schaute zu der Nonne – sie war Gott sei Dank inzwischen eingenickt und ihre dicke schwere Brille drohte von der Nase zu rutschen.

»Bin ich nicht zu alt?«

»Auf alten Pfannen lernt man besser kochen«, murmelte sie mit rauchiger Stimme. Das erschien mir einleuchtend und ich fasste wieder Mut.

Was sollte ich jetzt tun? Wie die Bonobos Stress abbauen durch Sex? Warum nicht? Meine Gedanken schossen hin und her wie entzündete Knallfrösche in einem Sack. Stress hatte ich ja in den letzten Tagen genug gehabt. Und das ist mal was anderes, als immer nur in der Kathedrale des erotischen Elends meine Sonnenuhr aufziehen. Ich gab mir einen Ruck, kramte, mit dem Rücken zur Nonne, in meiner Umhängetasche ein Kondom hervor und steckte es unauffällig ein. Dann ließ ich ihr den Vortritt, und wir gingen voller Vorfreude den Gang entlang in Richtung Zugtoilette.

Ich war dicht hinter ihr und beobachtete ihren schönen Hals, der von ihren roten Haaren bei jedem Schritt umschmeichelt wurde. Mein Freund Kutte hätte jetzt gesagt: »Bei Feuer aufm Dach ist der Keller feucht!«

Es sei noch kurz anzumerken, dass Bonobos die einzige Affenart sind, die ihren Geschlechtsverkehr mit sich zugewandten Gesichtern praktizieren.

Wir vollführten also ebenfalls den Geschlechtsverkehr wie die Bonobos, aufgrund der Enge der Zugtoilette mit uns zugewandten Gesichtern. Es war sehr ungewohnt, in dem ständig Weichen überfahrenden, hin- und herwackelnden Zug das Gleichgewicht zu halten. Doch dank des Motoriktrainings meines Lauflehrers Aykut meisterte ich das alte Rein-Raus-Spiel auch hier. Wie bei den Bonobos war es sehr emotionslos und dauerte nicht lange.

Als wir danach unsere derangierte Kleidung wieder in Ordnung gebracht hatten und uns von der Zugtoilette schleichen wollten, stand da plötzlich eine streng blickende ältere Dame à la Miss Marple vor der Klotür. Sie hatte eine graue Strickjacke an und stand wie ein Fels in der Brandung vor uns. Sie stieß ein spitzes »Oh!« aus. Ich erschrak. Ich fühlte mich ertappt wie ein Viertklässler, der gerade bei seiner ersten Zigarette erwischt wurde. Die massige Frau versperrte uns den Weg.

»Was ist denn hier …?«, rief sie und schnappte nach Luft.

»Der Dame ist schlecht geworden. Sie ist nämlich in anderen Umständen«, log ich. »Ich bin Arzt.«

»Ach so«. Miss Marple, voller Ehrfurcht mit meiner Antwort zufrieden, ließ uns erst jetzt passieren und ging in die Toilette, woraufhin sie die Tür mit einem lauten Knall verschloss und verriegelte.

Wir gingen zurück zu unseren Plätzen. Die Nonne war aufgewacht und schnitt mit einem Taschenmesser gerade einen leuchtend grünen Apfel in mundgerechte kleine Stücke. Sie benutzte dazu das Fachblatt für Darmspiegelungen als Teller. Sie schaute uns durch ihre dicken Brillengläser vorwurfsvoll an.

Erst jetzt fiel mir ein, dass ich ja gar nicht den Namen der jungen Dame wusste, also fragte ich sie danach. »Elena«, sagte sie. Da ich aus Schaden klug geworden bin, gab ich ihr nicht meine Visitenkarte. Sie kritzelte ihre Handynummer auf das Zugbegleitfaltblatt, riss ein Stück davon ab und gab sie mir. »Falls du mal Zeit für einen Kaffee mit mir hast«, fügte sie emotionslos hinzu. Ich steckte den Papierschnipsel achtlos in meine Sakkotasche. Nach der Nummer in der Zugtoilette war die Spannung raus und wir ahnten wohl schon, dass wir uns nach dieser Fahrt nie mehr sehen würden. Wir hatten uns nicht mehr viel zu sagen.

In Hannover stieg ein leicht alkoholisierter Bundeswehrsoldat mit einer offenen Bierbüchse ein und setzte sich zu uns. Er dachte zuerst, Elena und ich seien Vater und Tochter. Als ich ihm Elena und mich als »Lo« vorstellte, fügte Elena stolz hinzu, »Das ist ein richtiger Graf«. Der Soldat sagte nur »Cool!« und zeigte auf mein quittengelbes seidenes Einstecktuch, das ausgezeichnet mit meinem gelb-schwarzen Seidenhalstuch korrespondierte. Er nahm sich daraufhin etwas zu hastig einen Schluck aus der Büchse, wodurch der Schaum eruptiv hochstieg, den er dann vorsichtig ableckte.

Als wir auch nach seinem Namen fragten, grinste er verschmitzt und sagte nur: »Ratet mal.«

Als wir nicht draufkamen, half er nach.

»Ist ein typischer Berliner Name.«

»Atze, Kutte, Natze, Bolle?«, riet ich.

»Nö«, grinste er, und ohne Hemmungen fügte er noch laut und ohne Scham hinzu: »Kleine Hilfe: Außerdem bin ick schwul.« Jesses, Maria und Joseph! Wenn das die Nonne hört, dachte ich. Ängstlich schaute ich zu ihr hinüber – aber sie war wieder eingenickt. Wer weiß, wie die reagiert hätte? Kniend drei Vaterunser auf der Zugtoilette gebetet und Jesus zum Teufel gewünscht, weil er sie mit solch sündigen Menschen ein Zugabteil teilen ließ?

Sein Outing half uns auch nicht weiter und wir baten ihn, uns nicht so lange auf die Folter zu spannen.

»Na jut …«, meinte er, »… ick heeß Eric – vorne Er und hinten ick«, sagte er und lachte laut über seinen eigenen Witz.

Auch ich fand den Gag saugut, lachte ebenfalls und notierte ihn sofort. Wie als Belohnung genehmigte er sich wieder einen großen Schluck Bier und rülpste.

Dann plapperte er unbekümmert vor sich hin, als hätte er Sprechperlen geschluckt. Sein Coming-out hätte er schon mit vierzehn gehabt, jetzt wäre er noch in der Grundausbildung und wollte mal Medizin studieren. Vielleicht sogar beim Bund. Aber was für eine Fachrichtung, wisse er noch nicht so genau. Vielleicht Orthopädie.

Elena gähnte.

Um seinen Redeschwall zu unterbrechen, riet ich ihm, Hals-Nasen-Ohrenarzt zu werden – da muss man sich nicht bücken. Er lachte meckernd über meinen, zugegeben, auch guten Witz. Es war einer meiner Lieblingsarztwitze. Nur Elena verstand ihn nicht und ich musste ihn ihr erklären. Sie konnte nicht darüber lachen.

Kurz vor Berlin verkündete der Schaffner über den Bordlautsprecher, dass Hertha BSC mit zwei zu null gewonnen hatte. Sofort erschallte Jubel aus allen Abteilen. Auf der Fahrt nach Göttingen hörte ich einmal folgende Ansage: »Meine Damen und Herren, soeben ist unsere ofenfrische Brezelverkäuferin zugestiegen!«

Im Gegensatz zum Flug, wo die Zeit wie im Zuge vergeht,

verging die Zeit hier im Zug wie im Fluge und wir fuhren gerade am Savigny-Platz vorbei, wo man Leute mit Regenschirmen herumlaufen sah.

Es regnete! Toll, dachte ich. Tatsächlich hielt der Erste-Klasse-Waggon im Freien und freundliches Servicepersonal geleitete uns wie Staatsgäste in die trockene Bahnhofshalle. Was mache ich nun mit Elena? Ich behielt Contenance und verabschiedete mich auf dem Bahnsteig mit einem Handkuss, den sie mit einem überraschenden Blick quittierte. Zu meinem Glück kam ihre Freundin, um sie abzuholen. Ich hörte noch, wie sie Elena fragte: »Was war das denn für ein Typ?« Elena antwortete: »Hab ich im Zug kennengelernt.« Dann gingen wieder alle Reisenden ihrer Wege, ich auch. Den Schnipsel mit Elenas Telefonnummer entsorgte ich in einem Papierkorb.

Wie sagte doch der von mir hochverehrte Herr Schneider so treffend? »Realität ist lustiger wie Witze.« Recht hat er!

DIE BRIEFE DES GRAFEN

Vor einiger Zeit versuchte ich schon einmal, eine Förderung meiner künstlerischen Arbeit zu erhalten: Ich bewarb mich als Schlachtenmaler bei der Bundeswehr. Lesen Sie hier das Telefongespräch:

BUNDESVERTEIDIGUNGSMINISTERIUM: Vorzimmer Frau ... (Name undeutlich, im Hintergrund ein Geräusch wie von einem Staubsauger) ... guten Tag?

ANRUFER: Ja, guten Tag ... ich bin Kunstmaler und will mich bei Ihnen bewerben.

BUNDESVERTEIDIGUNGSMINISTERIUM: ... (Man hört ein paar Sekunden nichts.)

ANRUFER: Hallo? Sind Sie noch da?

BUNDESVERTEIDIGUNGSMINISTERIUM: ... als was???

ANRUFER: Als Kunstmaler – besser gesagt: als Schlachtenmaler.

BUNDESVERTEIDIGUNGSMINISTERIUM: (Die Vorzimmerdame spricht plötzlich ganz langsam – wie ihr oberster Chef.) Äh ... ja, ja ... hm ... ich überlege nur gerade, wer da für Sie zuständig ist ... ähm ...

ANRUFER: Aber ich bin doch bei Ihnen richtig – Abteilung für Personalangelegenheiten?

BUNDESVERTEIDIGUNGSMINISTERIUM: Ja, ja. Ich suche nur gerade einen Ansprechpartner für Sie ...

ANRUFER: Das ist schön ...

BUNDESVERTEIDIGUNGSMINISTERIUM: ... ähm ... wir haben also hier nur ... äh ... die Arbeiter, Angestellten und Beamten des einfachen, äh ... mittleren und gehobenen Dienstes ... äh ...

ANRUFER: Ja?

BUNDESVERTEIDIGUNGSMINISTERIUM: ... aber ich wüsste auch gar nicht, wer Kunstmaler bei uns macht ... hm ... (überlegt) ...
ANRUFER: Wer könnte mir denn da weiterhelfen?
BUNDESVERTEIDIGUNGSMINISTERIUM: Tjaaa ... ich ... äh ... mein Kollege kommt wahrscheinlich heute nicht mehr rein ... der ist gerade in einer Besprechung.
ANRUFER: (Glaub ich nicht, der ist bestimmt schon im Wochenende. Und das mitten im Krieg!!!) ... ah ja ... schade ...
BUNDESVERTEIDIGUNGSMINISTERIUM: Kann ich Sie am Montag zurückrufen? Dann kann ich Ihnen mit Sicherheit sagen, wer dafür zuständig ist.
ANRUFER: Ja ... das wäre nett.
BUNDESVERTEIDIGUNGSMINISTERIUM: Also, Sie bewerben sich als Kunstmaler – hab ich das richtig verstanden?
ANRUFER: Ja.
BUNDESVERTEIDIGUNGSMINISTERIUM: Gut ... geben Sie mir kurz Ihre Telefonnummer?
(Der Anrufer sagt sie ihr.)
BUNDESVERTEIDIGUNGSMINISTERIUM: Okay, ja, hab ich notiert. Ich meld mich dann am Montag bei Ihnen ...
ANRUFER: Prima, danke. Bis Montag ...
BUNDESVERTEIDIGUNGSMINISTERIUM: (erleichtert) Super! Tschühüss ...

Erwartungsgemäß blieb der Rückruf aus. Doch so leicht gab ich nicht auf:

Anruf am Montag beim Generalinspekteur der Bundeswehr:
VORZIMMER GENERALINSPEKTEUR DER BUNDESWEHR: Vorzimmer Generalinspekteur, guten Tag.
ANRUFER: Ja, guten Tag ... ich bin Kunstmaler und will mich bei Ihnen bewerben.
VORZIMMER GENERALINSPEKTEUR DER BUNDESWEHR: (vorwurfsvoll) Ja, aber da sind Sie hier völlig falsch. Hier sind Sie im Vorzimmer des Generalinspekteurs. Wir stellen hier keine Leute ein.

ANRUFER: Wer macht das denn?
VORZIMMER GENERALINSPEKTEUR DER BUNDESWEHR: Na, Ihr zuständiges Kreiswehrersatzamt würde ich mal sagen ...
ANRUFER: Ach so ...
VORZIMMER GENERALINSPEKTEUR DER BUNDESWEHR: ... oder die Stadtdienststelle des Heeres in Köln ... oder in Bonn bei der Personalabteilung.
ANRUFER: Ah ja ...
VORZIMMER GENERALINSPEKTEUR DER BUNDESWEHR: Ne? Das machen Sie mal schön da ... ne?
ANRUFER: Okay. Wiederhören.

Anruf beim Kreiswehrersatzamt:
KREISWEHRERSATZAMT: Bundeswehr Oberspree, guten Tag.
ANRUFER: Ja, guten Tag ... ich bin Kunstmaler und will mich bei Ihnen bewerben.
KREISWEHRERSATZAMT: Hier bei der Bundeswehr?
ANRUFER: Ja.
KREISWEHRERSATZAMT: Bei uns sind Sie hier *ganz* falsch.
ANRUFER: Aber das Kreiswehrersatzamt stellt doch Leute ein?
KREISWEHRERSATZAMT: Nein, wir stellen auch keine Leute ein. Aber ich geb Ihnen mal eine Rufnummer von der Standortverwaltung ...

Anruf bei der Standortverwaltung Berlin:
STANDORTVERWALTUNG: (Frauenstimme) Bundeswehr, guten Tag ...
ANRUFER: Ja, guten Tag ... ich bin Kunstmaler und will mich bei Ihnen bewerben.
STANDORTVERWALTUNG: Ich verbinde zur Personalabteilung ...
(Tonbandstimme »Bitte warten«)
STANDORTVERWALTUNG: (sonore Männerstimme mit Berliner Dialekt) Sie wollten zum Heeresmusikkorps, wa?
ANRUFER: Nein, nein. Zur Personalabteilung.
(Tonbandstimme »Bitte warten, please hold the line.«)
STANDORTVERWALTUNG: (Name undeutlich) Hallo?

ANRUFER: Ja, guten Tag, ich wollte mich bei Ihnen als Kunstmaler bewerben, bin ich da bei Ihnen richtig? Mit wem spreche ich bitte?
STANDORTVERWALTUNG: (legt auf)

Erneuter Anruf bei der Personalabteilung der Standortverwaltung Berlin:
PERSONALABTEILUNG: (Männerstimme) Personalabteilung, guten Tag.
ANRUFER: Guten Tag, ich wollte mich bei Ihnen als Kunstmaler bewerben, bin ich da bei Ihnen richtig?
PERSONALABTEILUNG: Bei der Bundeswehr?
ANRUFER: Ja. Ich male Ihnen locker einen Panzer aus verschiedenen Perspektiven. Könnte ich Ihnen zumailen.
PERSONALABTEILUNG: Nee, nee. Das glaub ich Ihnen. (Pause) Also, Sie wollen zur Bundeswehr und dort Kunstmaler werden?
ANRUFER: Ja, ja. Ich hab sogar einen Wehrpass. Aber leider nur Ersatzreserve zwei. Aber vielleicht hilft das ja?
PERSONALABTEILUNG: Na ja, also ... wir haben keine eigenen Posten als Kunstmaler.
ANRUFER: Aber früher gab's doch so was.
PERSONALABTEILUNG: Wat heißt früher?
ANRUFER: Früher zur Kaiserzeit. Da gab es saugute Schlachtenmaler.
PERSONALABTEILUNG: Stimmt.
ANRUFER: Die Engländer, also der Tommy hat heute noch Schlachtenmaler beschäftigt.
PERSONALABTEILUNG: Ja?
ANRUFER: Ja. Damals im Falklandkrieg. Ich habe die Bilder mal gesehen. Stinklangweilig, da war nur Wasser zu sehen ...
PERSONALABTEILUNG: Na ja, es werden im Moment kaum noch Schlachten ge... äh ...
ANRUFER: Was nicht ist, kann ja noch werden ...
PERSONALABTEILUNG: Hm ...
ANRUFER: Ich meine, es müssen ja auch nicht unbedingt Schlachten sein.

PERSONALABTEILUNG: Wie ich schon sagte. Also noch mal: Ich habe keine Dienstposten, was Malerei betrifft. So was gibt es nicht bei uns.

ANRUFER: Vielleicht, weil noch niemand darauf gekommen ist?

PERSONALABTEILUNG: Na ja, ich kann die aber auch nicht zaubern.

ANRUFER: Aber könnten Sie so was nicht bei Ihren Vorgesetzten mal anregen, dass so etwas wieder eingeführt wird?

PERSONALABTEILUNG: Schlecht.

ANRUFER: Schade.

PERSONALABTEILUNG: Ich gebe Ihnen mal einen Tipp: In Berlin gibt es ein Luftwaffenmuseum.

ANRUFER: Ah, das kenn ich. Das ist sehr schön. In Gatow, richtig?

PERSONALABTEILUNG: Das ist korrekt.

ANRUFER: Da sieht man viele Flugzeuge, Hubschrauber und so.

PERSONALABTEILUNG: Ja, und die haben vieler Bilder anner Wand. Über diese Schiene könnte man eventuell einen Posten dafür bekommen. Den müssten die Kommandobehörden stellen, sprich die obersten militärischen Dienststellen, sozusagen genehmigen. Beziehungsweise, die müssten dann den Posten schaffen.

ANRUFER: Aber ich hatte mir was ganz anderes vorgestellt: Ich will lieber vor Ort malen, raus, da, wo Action ist: Afghanistan, Somalia und neuerdings auch in Kenia. Da, wo die Bundeswehr im Ausland stationiert ist. Soldaten in ihren schicken Tarnanzügen. Helden. Da ist es doch viel interessanter. Nur tote Soldaten könnte ich nicht malen – weil ich kein Blut sehen kann. Aber sonst ...

PERSONALABTEILUNG: Hm ...

ANRUFER: Und so, dass dadurch auch das Image der Bundeswehr ein wenig aufpoliert wird. Weil die Bundeswehr ja im Moment nicht sehr heldenhaft dasteht.

PERSONALABTEILUNG: Ja. Aber da bin ich im Moment ein bisschen überfragt. Aber ich versuche mal, Sie mit meinem Chef zu verbinden ...

(Tonbandstimme »Bitte warten, please hold the line.«)
PERSONALABTEILUNG: Hallo, ich bin wieder dranne. Mein Chef ist zurzeit nicht da. Aber ich denke mal, es gibt keine Möglichkeit für Sie.
ANRUFER: Aber für's Image der Bundeswehr wäre das doch gut ...
PERSONALABTEILUNG: Das Image, na ja, sicherlich hätten wir da Handlungsbedarf, aber wir hätten keine Möglichkeit, mit Ihrer Malerei das Image aufzupolieren.
ANRUFER: Die Bundeswehr bringt doch die Zeitung *Ypsilon* heraus. Vielleicht wäre das dann eine Plattform, wo man meine Bilder veröffentlichen könnte? Dann bekomme ich einen Dienstgrad: Malerleutnant oder so ...
PERSONALABTEILUNG: Ich geb Ihnen mal eine Telefonnummer, die machen Öffentlichkeitsarbeit. Vielleicht wissen die was. Die bringen so Broschüren raus und so. Versuchen Sie's da mal ... Über unsere Schiene läuft's nicht. Tut mir leid. (Er nennt eine Telefonnummer.)
ANRUFER: Okay. Kann man nix machen. Erst mal vielen Dank.
PERSONALABTEILUNG: Wiederhören.

Nun versuchte ich mit meinem Adelsprädikat anderweitig Geld zu verdienen. Ob es mir gelang? Lesen Sie selbst ...

S.K.H. Ernst August Prinz von Hannover
Hausgut Calenberg
30978 Pattensen

BETR.: DIENSTLEISTUNG

Sehr geehrte Königliche Hoheit Prinz von Hannover!

Sie wissen ja genauso gut wie ich, dass die Prinzenrolle kein Keks und Etikette kein Werbeaufkleber ist. Doch wissen Sie eigentlich immer so genau, welche Weinsorte man einem Träger des Bundesverdienstkreuzes anbietet und welche Abendgarderobe man dazu trägt? Sitzt laut Adelsknigge ein Angehöriger des englischen Königshauses in Ihrem Privat-Jet nun rechts oder links? Oder wie viele Lakaien braucht man beim Besuch der Steuerfahndung? Behauptet man einfach, das Silberbesteck sei von Tchibo aus dem Sonderangebot und so gut wie nichts wert? Oder fährt man, nur um seine Freude darüber zum Ausdruck zu bringen, in einer Rolls-Royce-Kolonne zum neu eröffneten ALDI-Markt?

Wie verhalte ich mich richtig?

Fürstin Gloria von Thurn und Taxis schreibt in ihrem, für mein Dafürhalten ausgezeichneten Benimm-Buch, dass man schließlich nicht aus Appetit, sondern ausschließlich aus Genuss esse, weil man ja nicht körperlich arbeite.

Das ist zum Beispiel auch eine wichtige Frage: Hat die Fürstin da recht? Wie verhält man sich als Adelsperson zum Essen und den dazugehörigen Tischsitten? Haben sich etwa schon bürgerliche Marotten in Ihren königlichen Speisesaal eingeschlichen?

Fragen über Fragen. Seien Sie mal ehrlich Prinz, vor lauter Alltagssorgen ist man häufig überfordert, darüber nachzudenken, stimmt's?

Nun, dafür bin ich ja jetzt da, Königliche Hoheit.

Hier nun mein Angebot: Ich werde Sie und Ihre Angehörigen eine Woche lang in Ihrem Schloss als Adelstester diskret wie ein Mäuschen beobachten und anschließend mit Ihnen darüber reden, was man eventuell noch verbessern könnte.

Denn wir, die Adelsgesellschaft, sollten wie unsere Urahnen immer mit gutem Vorbild voran gehen – denn der Adel hat nicht nur eine moralische, sondern auch eine ethische Vorbildfunktion.

Sicher kann man mit einem Handkuss nicht die Welt retten, aber jede Dame von Welt freut sich darüber und es gibt *ein* Lächeln mehr auf dieser ach so ernsten Welt.

Wem mein Angebot als zu teuer erscheint, dem rate ich immer, so weiterzumachen wie bisher. Dann wird sich nämlich eines Tages der Adel nicht mehr von den Arbeitern und Bauern unterscheiden und ist sogar einmal völlig verschwunden. So wie bei den Apfelsorten, die früher so schöne Namen wie Morgenduft, Gelber Richard, Dülmener Rosenapfel, Schöner Boskop, Steirischer Maschanzker, Danziger Kantapfel, Geflammter Kardinal und Rheinische Schafsnase hatten. Alles Namen, die es heute kaum noch gibt, weil jeder Apfel im Supermarkt schlicht nur noch banal »Tafelapfel« heißt. Das ist doch nicht schön, oder?

Wer jedoch ein Interesse an alten Traditionen, gutem Benehmen, an dem kleinen Einmaleins der Manieren und dem Erhalt des Adels hat, der nimmt meine Dienstleistung gern in Anspruch.

Gerade heute, wo Anstand und Moral in der Politik, der Kirche und bei großen Banken Fremdwörter sind, sind guter Umgang und gewisse traditionelle Regeln wichtiger denn je. Setzen Sie Akzente und geben Sie sich einen Ruck. Ich würde mich über eine positive Antwort Ihrer Königlichen Hoheit sehr freuen und verbleibe

mit vorzüglichster Hochachtung
Ihr ganz ergebenster

L.G.v.Beimuf

P.S.: Meine liebe Gattin, die eine große Verehrerin Ihrer werten Frau Gemahlin, der Prinzessin Caroline von Monaco, ist, lässt ihr deshalb ganz liebe Grüße ausrichten.

ANTWORT:

Keine Antwort. Wenn man sich mehr auf Gerichtsfluren aufhalten muss als in seinen Schlössern, kommt man ja überhaupt nicht mehr dazu, eine ordentliche Korrespondenz zu führen. Verstehe ich. Er ist entschuldigt.

Deutsche Bank AG
Geschäftsleitung
(streng vertraulich)
Theodor-Heuss-Allee 70
60262 Frankfurt am Main

Graf von Blickensdorf

BETR.: AMTSWECHSEL

Sehr geehrte Damen und Herren!

Ich habe gelesen, dass Ihr Vorstandschef Herr Ackermann im Jahr 2010 abdanken will. Nun, das trifft sich gut, denn ich hätte nächstes Jahr Zeit und würde den Job gern übernehmen. Wie Sie wissen, flößen adlige Namen der Bevölkerung Vertrauen ein und ein solches braucht eine Bank wie Ihre jetzt. Ich versichere Ihnen, dass ich dank meiner guten Erziehung (Graf-Arnold-Alumnat) mich nicht zu fehl gedeuteten Gesten (Victory-Zeichen) wie Ihr Chef Herr Ackermann hinreißen lassen würde, was ja bekanntermaßen fatale Folgen für Ihre Bank hatte.

Die Deutsche Bank hat den bisher größten Verlust ihrer Geschichte bekannt gegeben. Auch das würde ich ändern. Schon in der Schule war ich immer sehr sparsam (»Wer den Pfennig nicht ehrt, ist des Talers nicht wert!«) und der Einzige meiner Klasse, der sein Taschengeld durch Geldverleih verzehnfacht (!) hat. Auch ich würde, wie Herr Ackermann, auf staatliche Finanzhilfe verzichten. Denn wo kämen wir da hin, wenn jeder in Not geratene Betrieb nach Staatsgeld ruft. Dann hätte man ja bald wieder Zustände wie in der DDR.

Ich würde mich freuen, wenn Sie auf meine Anfrage positiv reagieren würden und man sich einmal zu einem persönlichen Gespräch treffen könnte.

Keine Angst, meine Gehaltsvorstellungen werden bei Weitem nicht so hoch wie bei Herrn Ackermann sein. Auch das wäre mein

Beitrag, damit Ihr Unternehmen demnächst wieder schwarze Zahlen schreibt.

Hochachtungsvoll

L.G.v.Beimuf

ANTWORT:

Sehr geehrter Herr von Blickensdorf,
wir kommen zurück auf Ihre Bewerbung vom 17. Februar d. J.
   Bedauerlicherweise müssen wir Ihnen mitteilen, dass wir Ihnen derzeit keine adäquate Position in unserem Hause anbieten können.
   Wir möchten Ihnen daher für Ihr Interesse an der Deutschen Bank und Ihre Bewerbung danken und hoffen, dass Sie bald einen neuen Wirkungskreis finden werden, der Ihren Vorstellungen nach einer beruflichen Herausforderung entspricht.

Mit freundlichen Grüßen
Deutsche Bank AG

(Es folgen zwei unleserliche Unterschriften, eine mit Kugelschreiber, eine mit teurem Füllfederhalter.)

Meica
Geschäftsleitung
Ammerländische Fleischwarenfabrik
Fritz Meinen GmbH & Co.
Meicastr. 6
26188 Edewecht

Graf von Blickensdorf

BETR.: GESCHÄFTSIDEE

Sehr geehrte Damen und Herren!

Ich bin nicht vermögend und wurstel mich so durch. Aber dafür habe ich einen wohlklingenden Namen. Unsere Ländereien im ehemaligen sogenannten »Polnischen Korridor« sind leider nicht mehr in unserem Familienbesitz und auf dem Grundstück, auf dem einmal unser prächtiges Schloss stand, ist jetzt ein Lidl-Parkplatz.

Meine Vorfahren betrieben u.a. Schweinezucht und haben viele Wurstspezialitäten hergestellt. Darunter auch die »Pommersche Gelbwurst von Gut Blickensdorf«.

Deshalb möchte ich Ihnen meinen Namen anbieten, um eine Wurstsorte, die vielleicht »nicht so geht«, wieder für den Endverbraucher attraktiv zu machen. Die Wurstsorte wäre mir egal, wenn es nicht gerade Toteaugenwurst ist. Eher so etwas Pikantes wie »Graf Blickensdorfs feine Pfeffermettwurst« oder eine himmlisch schmeckende brühpolnische Bratwurst namens »Blickensdorfs Grafenseufzer«. Da läuft einem ja schon beim Namen das Wurstwasser im Mund zusammen. Über genaue Details könnte man ja noch diskutieren.

Nicht dass Sie denken, ich will mit der Wurst nach dem Schinken werfen, nein, Sie sind mir nicht wurst. Sie werden sehen, dass Sie mit meinem Namen (natürlich gegen ein kleines bescheidenes Entgelt) Ihren Umsatz vergrößern können. Auch wäre ich bereit, in entsprechenden Werbespots aufzutreten, da ich ganz passabel aussehe (sagen zumindest meine Freunde).

Ich würde mich sehr freuen von Ihnen zu hören und verbleibe mit freundlichen Grüßen

L.G.v. Beimung

ANTWORT:

Eines Tages klingelte mein Telefon. Nachdem ich abgehoben hatte, hörte ich, wie jemand sagte: »Er ist da!« Dann zu mir: »Firma Meica hier.« Eine sonore Stimme, die man sicherlich nur vom vielen Wurstessen bekommt, fragte, ob ich der Graf sei. Als ich dies bejahte, versprach man mir eine schriftliche Antwort auf meinen Brief. Sie ist aber bis heute nicht eingegangen, schade. Deshalb müssen alle Feinschmecker auf »Graf Blickensdorfs feine Pfeffermettwurst« noch warten.

Dresdner Bank AG
Geschäftsleitung
Jürgen-Ponto-Platz 1
60301 Frankfurt am Main

Graf von Blickensdorf

BETR.: ANGESCHLAGENES IMAGE

Sehr geehrte Damen und Herren!

Durch die leidigen Gerüchte in letzter Zeit über die hohen Boni-Zahlungen Ihrer Investmentbanker ist das Image Ihres Bankhauses sehr angeschlagen. Auch Ihr Verhalten in der Finanzkrise hat Ihrem Ansehen bei Ihren Kunden sehr geschadet.

Deshalb möchte ich Ihnen einen Vorschlag machen: Sie ernennen mich zu Ihrem Vorsitzenden. Ich habe einen guten Namen (adelige Namen flößen der Bevölkerung immer noch Vertrauen ein) und sehe gut aus. Durch abgestimmten Einsatz von Verhalten, Kommunikation und Erscheinungsbild nach innen und außen (durch mich) könnte man Ihr Unternehmen noch retten. Mein Ziel wäre eine längerfristige und nachhaltige Unternehmensentwicklung und vertrauensbildende Maßnahmen. Wie Sie wissen, bleibt Ihnen dazu nicht mehr viel Zeit.

Über die Bezahlung würden wir uns bestimmt einig werden, denn ich würde mich mit einer kleinen fünfstelligen Summe im Monat zufriedengeben.

Mit freundlichen Grüßen

L.G.v.Beimung

ANTWORT:

Dresdner Bank, Abteilung Qualitäts- und Beschwerdemanagement:

>Sehr geehrter Herr Graf von Blickensdorf,
>vielen Dank für Ihre Anfrage.
>Bitte haben Sie jedoch Verständnis, dass wir zu Ihrem Angebot keine Stellung beziehen.
>
>Mit freundlichen Grüßen
>Dresdner Bank AG
>S. B.

HUGO BOSS AG
– Geschäftsleitung –
Dieselstraße 12
72555 Metzingen

Graf von Blickensdorf

BETR.: WERBEIDEE

Sehr geehrte Damen und Herren!

Wie Sie wissen, schlägt die derzeitige Finanzkrise immer stärker auf die Realwirtschaft durch und damit auch auf den weltweiten Markt für Luxusgüter. Es besteht im Moment ein schwieriges Marktumfeld und Ihre Sondereffekte waren im 3. Quartalsbericht um ein Prozent rückläufig.

Deshalb möchte ich Ihnen einen Vorschlag machen: Da ich durch meinen Namen sehr oft eingeladen werde, blendend aussehe und fortwährend gefragt werde, was für eine Marke gerade mein Sakko hat, würde ich gern einmal ein Jahr lang nur Kleidung von Hugo Boss tragen. Auch wäre ich bereit, ungefragt auf Empfängen und Partys Ihre Marke zu nennen.

Ich weiß, dass HUGO BOSS Kleidung für hohe Qualität, ausgezeichnete Verarbeitung und herausragendes Design steht. Ich besitze selbst ein Sakko (Modell »Tataglia«, neunzig Prozent Wolle, zehn Prozent Kaschmir) von Hugo Boss. Ich habe es vor vielen Jahren einmal bei eBay für kleines Geld ersteigert und es sieht immer noch sehr gut aus. Nur ein Knopf ist einmal abgegangen.

Nun zu meiner Person. Ich bevorzuge einen figur- und taillenbetonten Schnitt und etwas gedecktere Farben, nicht zu modern. Meine Kleidergröße ist 50, Schuhgröße 43, Hemdgröße 39/40.

Ich garantiere Ihnen, dass Ihr jährlicher Umsatz bedeutend steigen würde, da ich demnächst obendrein auch beruflich bedingt oft im Fernsehen zu sehen sein werde. Auf eine Bezahlung Ihrerseits würde ich verzichten. Sie brauchten mir nur kostenlos Ihre zurzeit aktuelle Herrenkollektion an obige Adresse schicken. Ich freue mich schon auf Ihre erste Zusendung und verbleibe

hochachtungsvoll

L.G.v.Blickensdorf

<u>ANTWORT:</u>

sehr geehrter herr von blickensdorf,

    danke für Ihr schreiben und Ihr interesse an unseren produkten. leider muß ich Ihnen eine ausstattung Ihrer person jedoch absagen, da wir uns hier ausschließlich auf einige ausgewählte schauspieler beschränken. ich bin sicher, Sie haben dafür verständnis.

viele grüße

HUGO BOSS AG

Claudia S. Team

Leader Brand Communication / VIP Services

Dieselstraße 12

72555 Metzingen

FDP – Bundesgeschäftsstelle
Thomas-Dehler-Haus
z. H. Herrn Guido Westerwelle
Reinhardtstraße 14
10117 Berlin

Graf von Blickensdorf

BETR.: BUNDESTAGSWAHL

Sehr geehrter Herr Westerwelle!

Wie Sie wissen, ist im September Bundestagswahl. Und laut Umfragen werden Sie es mit der FDP wohl wieder in den Bundestag schaffen. Vielleicht gibt es dann gar eine Koalition mit der CDU/CSU?

Deshalb würde ich gern in Ihre Partei eintreten und gegebenenfalls für einen Ministerposten kandidieren. Denn mit meinem Namen würde ich Wirtschaftsminister Karl-Theodor Freiherr von und zu Guttenberg von der CSU Konkurrenz machen.

Ihre Partei war mit Adelsnamen ja schon früher sehr erfolgreich. Ich denke da an Ottomar Rodolphe Vlad Dracula Prinz Kretzulesco, auch Graf Dracula genannt, Alexander von Stahl, Knut Freiherr von Kühlmann-Stumm und nicht zuletzt Otto Graf Lambsdorff, der es trotz Vorstrafe in Deutschland zu hohem Ansehen gebracht hat.

Deshalb lassen Sie es mich wissen, ob Sie an meiner Person Interesse haben. Ich könnte jederzeit anfangen, da ich zurzeit arbeitslos bin. Vermögend bin ich leider auch nicht, obwohl ich mehrere Schlösser besitze – an jeder Tür eins. Kleiner Scherz am Rande ...

Ich bin schon sehr gespannt, für welchen Posten Sie mich vorsehen werden. Falls Minister nicht geht, ginge auch Staatssekretär oder dergleichen.

Ich würde mich freuen, von Ihnen eine positive Antwort zu bekommen und verbleibe

mit freundlichen Grüßen

L.G.v.Beinung

EIN ZWEITES SCHREIBEN:

BETR.: MEIN SCHREIBEN VOM 17. FEBRUAR 2009

Sehr geehrter Herr Westerwelle!

Leider habe ich von Ihnen bis heute noch keine Antwort bezüglich meines Schreibens vom 17.02.2009 bekommen. Sollte es auf dem Postweg verloren gegangen sein, bitte ich Sie höflichst, mir eine Kopie davon zu schicken.

Meine Frau meint, Sie sähen immer so adrett aus, Sie würden uns garantiert antworten. Ich habe mit meiner Frau gewettet und dagegen gesetzt.

Mit freundlichen Grüßen (auch von meiner Frau)

L.G.v.Beinung

EIN DRITTES SCHREIBEN:

BETR.: MEINE SCHREIBEN VOM 17. FEBRUAR UND 21. MÄRZ 2009

Sehr geehrter Herr Westerwelle!

Meine Frau ist leider eine schlechte Verliererin und hat mich gedrängt, Ihnen abermals zu schreiben, um Sie ein letztes Mal höflichst zu bitten, mein Schreiben vom 17.02.09 zu beantworten.

Meine Frau glaubt, dass Ihr Sekretär bestimmt des Nächtens immer in den diversen netten Lokalen in Berlin die Nacht zum

Tage macht (was ja an sich nichts Schlimmes ist) und dann morgens mit seinem verkaterten Kopf die Hälfte der eingegangenen Briefe einfach wegwirft. Sie empfiehlt bei Kater schwarzen Kaffee mit Zitrone und zwei Aspirin.

Entgegen meiner Frau denke ich eher, dass Sie, Herr Westerwelle, wegen der bevorstehenden Bundestagswahl Angst haben, auf meinen Brief zu antworten, weil Sie nicht wissen, wer dahintersteckt, stimmt's? Und, pardauz, sind Sie in einen Skandal verwickelt. Nein, keine Angst, wir werden Ihren Brief nicht gegen Sie verwenden, ganz im Gegenteil. Übrigens, Frau Merkel hat uns neulich bezüglich einer anderen Sache sehr nett geantwortet.

Mit freundlichen Grüßen (auch von meiner Frau)

L.G.v.Beimung

P.S.: Meine Frau würde zur Not sogar auf eine Autogrammkarte von Ihnen verzichten – Hauptsache, Sie antworten und sie verliert nicht ihre Wette. Falls Sie und Ihre Partei jedoch durch die Weltwirtschaftskrise zu Sparmaßnahmen gezwungen sind, legen wir Ihnen fünfundfünfzig Cent Rückporto bei. Falls nicht, können Sie uns die Briefmarke ja wieder zurückschicken – denn ganz so dicke haben wir es auch nicht.

ANTWORT:

Sehr geehrter Graf Blickensdorf,

Ihren Brief vom 27. April 2009 an Herrn Dr. Guido Westerwelle, MdB, haben wir erhalten. Der Vorsitzende bat mich, Ihnen zu antworten.

Gern übersenden wir Ihnen als Anlage zu unserer Antwort eine Autogrammkarte Dr. Westerwelles sowie Ihre Briefmarke zu unserer Entlastung.
Ihnen persönlich alles Gute
M. K.

Langnese
Unilever Deutschland GmbH
Geschäftsführung
Dammtorwall 15
20355 Hamburg

BETR.: NEUE EISSORTE

Sehr geehrte Damen und Herren!

Wie Sie wissen, ist der Markt für hochwertige Eis- und Tiefkühlprodukte schwieriger geworden. Deshalb müssen neue Ideen her. Ihre Produkte Nogger dir einen, Flutschfinger und Ed von Schleck sind zwar Klassiker, aber alt. Hier habe ich eine neue Idee für Sie: Ich sage nur »Fürst Pückler«, mit dem ich übrigens entfernt verwandt bin. Unsere Familien konnten sich allerdings nicht ausstehen, es gab 1812 Streit um eine Kurtisane, aber das nur am Rande ... Bedenken Sie bitte, dass Eissorten mit Adelsnamen absolute Renner in diesem Segment sind.

Hier nun mein Vorschlag: Wie wäre es mit einem eleganten Eis namens »Magnum-Graf-von-Blickensdorf«? Ich dachte an eine Komposition aus cremigem Vanilleeis, durchzogen mit himmlischer Himbeersoße (übrigens, die Lieblingssoße meiner Frau!), eine Idee Eierlikör und das alles überzogen mit mindestens fünfundsechzig Prozent kakaohaltiger knackiger Amazonas-Schokolade, dekoriert mit karamellisierten Zuckerstückchen. Alles zusammengehalten von einem vergoldetem Stiel. Und wenn man das Eis aufgeschleckt hat, kommt unser Familienwappen zum Vorschein. Na? Wäre das nichts? Läuft Ihnen nicht jetzt schon das Eiswasser im Munde zusammen? Es wird ein säkulares Ereignis sein. Natürlich nur mit den besten Zutaten, versteht sich. Ich sage es jetzt mal ganz salopp: Es muss einfach nur geil schmecken! Den passenden Werbespruch hätte ich auch schon:

»Lass mich dein Graf-von-Blickensdorf-Magnum sein, das an Deinem Körper herunter gleitet, das Deinen Bauchnabel liebkost, um dann in Deinem Schoß zu sterben.«

In diesem Sinne – ich würde mich freuen, von Ihnen zu hören und verbleibe

mit freundlichen, aber kalten Grüßen

L.G.v. Beinung

ANTWORT:

Sehr geehrter Herr Graf von Blickensdorf,

herzlichen Dank für Ihre interessante Anfrage.

Die Idee von einem »Adelsmagnum«, mit den von Ihnen angegebenen Zutaten klingt ausgezeichnet! Jedoch ist Magnum eine globale Marke, was zur Folge hat, dass Entscheidungen über neue Konzepte nicht lokal hier in Hamburg getroffen werden, sondern global für ganz Europa in Italien. Deswegen haben wir Ihren Vorschlag dahin weitergeleitet.

Aber wollen Sie und Ihre Frau sich auch jetzt schon mal königlich verwöhnen?! Dann genießen Sie das neue Magnum Temptation Fruit! Es besteht aus einer Kombination von Bourbonvanilleeis mit Waldfruchtsoße und Cranberrystückchen, gespickt mit Schokoladenstücken aus feinem Kakao aus Ecuador. Ein Hochgenuss!

Mit freundlichen Grüßen
Evelyne J.
Magnum Brand Manager

Berliner Samenbank GmbH
Kronenstraße 55–58
10117 Berlin

BETR.: GRÄFLICHE SAMENSPENDE

Sehr geehrte Damen und Herren!

Vor einigen Tagen beschlich mich eine gewisse Beunruhigung – ich habe nämlich keine Nachkommen! Nicht dass Sie denken, ich wäre von der anderen Fraktion. Nein, ich mag Frauen, sie sind mir lieb und teuer, aber ich habe nie das Bedürfnis gehabt, eine Familie zu gründen. Und jedes Mal, wenn es zum »Äußersten« bei einer meiner Angebeteten kam, habe ich verhütet.

Deshalb hatte ich heute, als ich gerade mittagmahlte, eine Idee: Ich spende Ihnen meinen Samen, um das Geschlecht derer von Blickensdorf zu erhalten. Ich versichere Ihnen, dass ich keine Erbkrankheiten oder andere Gebrechen habe. Obwohl ich schon achtundfünfzig Jahre alt bin, machen Sie vielleicht bei mir eine Ausnahme, da gräflicher Samen sicherlich sehr selten und kostbar ist. Von der Menge ist es zwar nicht mehr so viel wie damals, als ich noch ein junger Hengst war. Aber Qualität geht sicherlich vor Quantität, oder? Charlie Chaplin wurde auch mit fünfundsiebzig Jahren Vater eines gesunden Knaben.

Ich hoffe, vorausgesetzt Sie haben Interesse an blaublütigem Samen, dass der Akt des Samenspendens in einer mir angemessenen, stilvollen Atmosphäre erfolgen wird? Ich denke da an ein Dutzend Austern, ein Glas vortrefflichen Chablis und als Musik den Boléro von Maurice Ravel bei Kerzenschein. Unter diesen Vorraussetzungen habe ich immer große Erfolge bei der Damenwelt erzielt.

Kommen wir nun zum Pekuniären. Wie viel wäre Ihnen gräflicher Samen wert? Über meinen Grafennamen könnte man auch verhandeln. Es wäre doch sicherlich ein Anreiz für die künftigen Eltern, später einmal einen kleinen Grafen oder eine kleine Gräfin im Arm zu halten. Wie sagte schon mein seliger Großvater Graf Bernhard von Blickensdorf? *Pecunia non olet* (Geld stinkt nicht).

Auf eine positive Antwort würde ich mich sehr freuen und verharre mit vorzüglicher Hochachtung

Ihr ganz ergebenster

L.G.v.Beimuf

<u>ANTWORT</u> (per E-Mail):

Guten Tag Herr von Blickensdorf,

Ihr Schreiben ist bei uns eingegangen. Wir bedanken uns für Ihr Interesse an unserem Unternehmen.

Dennoch muss ich Ihnen mitteilen, dass wir keine Ausnahmen machen können. D. h. die Kriterien und Richtlinien gelten für jedermann.

Mit freundlichen Grüßen

M. D.
Ihr BSB Labor

Daimler AG
z. H. Herrn Dr. Dieter Zetsche
Mercedesstraße 13
70327 Stuttgart

Graf von Blickensdorf

BETR.: NEUE GESCHÄFTSIDEE

Sehr geehrter Herr Dr. Zetsche!

Leider haben Sie und andere Autohersteller es verpasst, ein preiswertes und umweltfreundliches Transportmittel mit niedrigem Verbrauch zu entwickeln. Selbst die Kosten bei einem Drei-Liter-Auto sind demnächst nicht mehr bezahlbar. Wenn ein Liter Benzin bald so teuer ist wie hundert Gramm Kaviar, kann man sich ausrechnen, dass man nicht mehr viel unterwegs sein wird. Auch meine Familie und ich können uns heutzutage nur noch einmal die Woche Kaviar leisten. Wie Sie vielleicht wissen, war das bei meinen Vorfahren früher ganz anders.

Als ich neulich im Archiv derer von Blickensdorf las, fand ich heraus, dass meine Vorfahren in Sänften reisten. Seit dem 17. Jahrhundert waren sogar auch öffentliche Sänften als Vorläufer der heutigen Taxis in Gebrauch. Diese sogenannten Portechaisen wurden ab 1617 in Paris und ab 1688 in Berlin eingesetzt.

Nun mein Vorschlag: Wie wäre es, wenn Sie Ihren zurzeit flauen Umsatz etwas ankurbeln würden, indem Sie Sänften herstellen würden? Natürlich mit modernster Technik, wie man es von Ihren Fahrzeugen der S-Klasse gewohnt ist. Zum Beispiel edles Wurzelholz, Navigationsgerät, Armlehne klappbar, mit Staufach, Brillenfach in der Dachbedieneinheit, Gepäckhaken, Airbags und Gepäcknetze, Sitzheizung, Panorama-Schiebedach usw.

Um den »Antrieb« bräuchte man sich keine Sorgen zu machen, denn Sänftenträger gibt es genug. Im Moment gibt es ca. 3,5 Millionen Arbeitslose und rund 250 000 Arbeitslose erwartet die Bundesregierung aufgrund der Konjunkturkrise zusätzlich noch. Alles potenzielle Sänftenträger! Überlegen Sie mal: vier Ein-Euro-Jobber pro Sänfte macht vier Euro auf hundert Kilometer! Und umweltfreundlich sind Sänften auch. Ich denke, dass nach einer gewissen Testphase nicht nur ich, sondern auch der Fuhrpark der Bundesregierung sich auf Sänften umstellen wird.

Auf eine positive Antwort würde ich mich sehr freuen und verharre mit vorzüglicher Hochachtung

Ihr ganz ergebenster

L.G.v.Beinmuf

ANTWORT:

Sehr geehrter Herr Graf von Blickensdorf,
vielen Dank für Ihr Schreiben vom 19. Februar an Herrn Dr. Zetsche. Unser Vorsitzender des Vorstands hat mich gebeten, Ihnen zu antworten.

Uns hat Ihre neue Geschäftsidee gefallen – Sie haben hier ein besonderes Talent für komödiantische Beiträge durchaus bewiesen. Wir würden Ihre Geschäftsidee gern aufgreifen, jedoch können Sie sich vorstellen, dass diese in der heutigen Zeit leider nicht umsetzbar ist. Aber wie Sie sicherlich wissen, sind wir mit ganzer Kraft dabei, das Fahrzeug der Zukunft zu entwickeln.

Ich wünsche Ihnen weiterhin viel Erfolg.
Mit freundlichen Grüßen

Carolin H.

Assistentin des Vorsitzenden des Vorstands
und Leiter Mercedes Benz Care

Bundesministerium der Verteidigung
Herrn Minister Dr. Franz Josef Jung
Stauffenbergstraße 18
10785 Berlin

Graf von Blickensdorf

BETR.: AUSLANDSEINSATZ

Sehr geehrter Herr Minister Dr. Jung!

Wie ich aus der Tagespresse entnehmen konnte, haben Sie eine Verstärkung der deutschen Truppen in Afghanistan angekündigt. Sechshundert zusätzliche Soldaten sollen die Präsidentschaftswahl absichern.

Das begrüße ich sehr. Leider sind bei der Bundeswehr nur noch sehr wenige Adelige in Führungspositionen. Das stört mich und ist taktisch nicht klug. Nehmen wir mal an, ein gewisser Generalfeldmarschall Müller wäre der Oberbefehlshaber in Afghanistan. Meinen Sie, der Taliban hätte Respekt vor dem? Nein. Aber vor einem Generalfeldmarschall Graf von Blickensdorf schon. Verstehen Sie, was ich meine?

Deshalb biete ich Ihnen meine Dienste an. Eine militärische Ausbildung habe ich zwar nicht und bin auch schon achtundfünfzig Jahre alt, aber dafür habe ich einen guten Namen und ich wäre ja sowieso nur zur Abschreckung und für repräsentative Zwecke da.

Ich hoffe, ich bekomme dann vom Maßschneider eine schicke Ausgehuniform bzw. zwei (eine zum Wechseln). Sie können mir glauben, dass mir Uniformen ausgezeichnet stehen. Ich war letzte Woche auf einer Faschingsveranstaltung vom Drei-Löwen-Klub. Da trug ich die Uniform von Friedrich II. und die anwesenden Damen fanden, dass ich sehr schneidig darin aussah.

Bitte lassen Sie mich bald wissen, wann ich ins Feld ziehen darf, damit ich frühzeitig meine Reisevorbereitungen treffen kann. Über eine positive Antwort würde ich mich sehr freuen und verharre mit vorzüglicher Hochachtung und strammen Grüßen

Ihr ganz ergebenster

L.G.v.Beinung

ANTWORT:

Der Minister hat nicht geantwortet, weil er wohl viel zu beschäftigt ist mit seinen Kriegsspielen. Außerdem ist Humor in der Bundeswehr ja auch ein Fremdwort.

SAT.1
c/o MME Me, Myself & Eye Entertainment GmbH
Presse und Kommunikation
Gotzkowskystraße 20/21
10555 Berlin

BETR.: NEUE FORMAT-IDEE

Sehr geehrte Damen und Herren!

Sehr aufmerksam habe ich Ihre Doku-Soap »Gräfin gesucht« verfolgt. Doch so, wie Sie es hier zeigen, ist es oft nicht. Die meisten Grafen haben gar kein eigenes Schloss mehr. Auch ich wohne in einer normalen Mietwohnung und gehöre damit zum sogenannten Etagenadel. Leider!

Deshalb hier meine Idee: Machen Sie doch eine neue Doku-Soap, wo Grafen ein Schloss suchen. Als Titel würde sich »Schloss gesucht« anbieten.

Heute besitzen nämlich viele »bürgerliche« Menschen zwar ein Schloss, aber es wird nicht mehr von Adelsleuten bewohnt. Deshalb fehlt den Schlössern die Atmosphäre. Solche Bauwerke sind quasi seelenlos. Das ist so wie eine Ölsardinenbüchse ohne Sardinen oder eine Mühle ohne Müller. Ich glaube, dass viele Schlossbesitzer dann wieder glücklicher mit ihrem Besitz sind, wenn ein echter Graf in ihren Gemäuern wohnt – und die Grafen wären auch glücklich, wenn sie wieder standesgemäß wohnen könnten. Immer wenn die Schlossbesitzer Besuch haben, könnte ich dann nach Absprache durch den Schlosspark gehen und sie könnten dann ihrem Besuch sagen: »Da seht! Da geht er wieder – der alte Graf!« Auch für Schlosstouristen wäre das ein tolles Erlebnis.

Gern würde ich auch in ein Schloss einziehen und bei Bedarf an der Entwicklung des neuen Formates mitarbeiten. Ich könnte auch zum Beispiel die Hauptrolle spielen und bei den Leuten klingeln, mich kurz als Graf vorstellen und sie dann bitten, ob ich bei ihnen einziehen könnte.

Eine andere Idee wäre, dass ich mich beim Adel als Adelstester anbiete. Ich quartiere mich eine Woche bei den Leuten ein und spiele »Mäuschen«. Am Ende der Woche zähle ich auf, was alles so falsch gemacht wurde. Wie finden Sie das?

Mit der Bitte auf rasche Antwort verbleibe ich mit freundlichen Grüßen

L.G.v.Beimuf

ANTWORT:

Aufgrund von Kompetenzgerangel erreichte mich leider keine aussagekräftige Antwort, und somit geht SAT.1 ein Quotenrenner durch die Lappen, weil bestimmt RTL wieder das Rennen macht ...

JUNGE UNION Deutschlands
Bundesgeschäftsstelle
z.H. Herrn Philipp Mißfelder
Inselstraße 1b
10179 Berlin

BETR.: HARTZ IV

Sehr geehrter Herr Mißfelder!

Mit Genugtuung habe ich Ihre Äußerungen über die Hartz-IV-Erhöhungen in der Tagespresse gelesen. Auch ich finde, dass die Erhöhungen nur der Tabak- und Alkoholindustrie nutzen.

Wenn ich mit meiner Frau an unserem Arbeitsamt vorbeigehe, kommt uns immer eine Wolke von Tabakdunst entgegen wie bei einer Dampflokomotive. Außerdem liegt das Trottoir immer voller Zigarettenstummel. Und wer weiß, wie viele Schnaps- oder Bierflaschen die Leute in ihren Aktentaschen haben?

Ich würde ja, wenn ich das Sagen hätte, Hartz IV sofort abschaffen. Das gab es früher auch nicht. Mein Urgroßvater, Graf Bernhard von Blickensdorf, hatte in seiner Grafschaft Blickensdorf in Westpommern ein großes Landgut mit 1900 Morgen Land, 960 Morgen Wiesen und 690 Morgen Holzwald sowie 22 Anspännergüter, 1 Schäferei und 76 Fronhäuser. Seine Tagelöhner, Ackerer und Bauern gehorchten ihm aufs Wort. Und bei kleinen Aufmüpfigkeiten half die Reitpeitsche, die er immer im Stiefel stecken hatte. Hinzu kamen Huldigung des Grafen und seiner Familie, Zehnt-Abgaben, Beschränkung der Freizügigkeit und Frondienste.

Deshalb gab es damals keine Arbeitslosen. Entweder man arbeitete oder man verhungerte. So einfach war das. Niemand war länger als einen Tag krank – weil es nämlich kein Krankengeld gab. Heute feiern manche Arbeiter sechs bis sieben Wochen krank und sitzen aber in der Zeit nur in der Gastwirtschaft herum. Armes Deutschland kann ich da nur sagen.

Ich würde mich freuen, wenn Sie sich wieder für uns Adelige einsetzen würden, denn wenn wir wieder etwas mehr zu sagen hätten, würde es in unserem geliebten Deutschland wieder aufwärts gehen. Sie sind ein Mann ohne politische Tabus und würden von mir dafür jedwede Unterstützung bekommen.

Hochachtungsvoll

L.G.v.Beinruf

ERSTE MAHNUNG:

BETR.: MEIN SCHREIBEN VOM 21. FEBRUAR 2009

Sehr geehrter Herr Mißfelder!

Leider habe ich bis heute noch keine Antwort meines Schreibens vom 21.02.2009 von Ihnen bekommen. Sollte es auf dem Postweg verloren gegangen sein, bitte ich Sie höflichst, mir eine Kopie davon zu schicken.

Meine Frau meint, Sie sähen so adrett aus, Sie würden uns garantiert antworten. Ich habe mit meiner Frau gewettet und dagegen gesetzt.

Mit freundlichen Grüßen (auch von meiner Frau)

L.G.v.Beinruf

ZWEITE MAHNUNG:

**BETR.: MEINE SCHREIBEN
VOM 21. FEBRUAR UND 21. MÄRZ 2009**

Sehr geehrter Herr Mißfelder!

Leider habe ich bis heute noch keine Antwort meiner beiden o.g. Schreiben von Ihnen bekommen. Meine Frau, die wahrscheinlich ihre Wette nun verloren hat, meinte, sie hätte nicht gedacht, dass Sie so unhöflich sind und nicht auf Briefe antworten. Ungezogen findet sie das.

   Ich habe Sie noch in Schutz genommen und gesagt, dass Sie vielleicht an Schweinegrippe erkrankt sind und deshalb nicht antworten können. Oder herrscht in Ihrem Sekretariat gar, *nomen est omen*, die »Miß«wirtschaft, Herr »Miß«felder?

Mit nicht mehr ganz so freundlichen Grüßen von meiner Frau und mir

L.G.v.Beinum

P.S.: Falls jedoch die Junge Union durch die Finanzkrise zu Sparmaßnahmen gezwungen ist und Sie deshalb nicht antworten können, legt meine Frau Ihnen fünfundfünfzig Cent Rückporto (aus ihrer Haushaltskasse) bei. Falls Sie dann auch nicht antworten, besteht meine Frau darauf, dass Sie ihr die Briefmarke trotzdem wieder zurückschicken – denn ganz so dicke haben wir es auch nicht.

DRITTE MAHNUNG:

**BETR.: MEINE SCHREIBEN
VOM 21. FEBRUAR, 21. MÄRZ UND 2. MAI 2009**

Sehr geehrter Herr Mißfelder!

Leider haben Sie es bisher versäumt, die geliehene Briefmarke von fünfundfünfzig Cent an meine Frau zurückzugeben, die sie Ihnen aus ihrer Haushaltskasse spendiert hatte. Das missfällt uns und wir missbilligen Ihr Verhalten.

Ich möchte Sie daher bitten, die Briefmarke bis zum 8. Juni 2009 an uns zurückzuschicken oder den Betrag in bar (falls Sie keine Briefmarke zur Hand haben) uns persönlich zu übergeben (wenn erwünscht). Bei Nichtzahlung behalten wir uns vor, weitere Schritte gegen Sie einzuleiten.

Meine Frau findet Ihre Art und Weise ungezogen. Erst beantworten Sie unsere zahlreichen Briefe nicht und dann wollen Sie sich noch mit unserer Briefmarke bereichern. Sie wollen doch sicherlich einmal Bundeskanzler werden, oder? Dann nehmen Sie sich einmal ein Beispiel an Ihrer Parteikollegin und Bundeskanzlerin Frau Merkel. Von ihr bekamen wir wegen einer anderen Gelegenheit postwendend eine Antwort. Sogar eine hübsche Autogrammkarte hatte sie uns dazugelegt.

Mit nicht mehr ganz so freundlichen Grüßen von meiner Frau und mir

L.G.v. Beinung

P.S.: Sollten Sie irgendwann einmal zur Wahl stehen – wir werden Sie nicht wählen!

ANTWORT:

Sehr geehrter Graf von Blickensdorf,

für die zahlreichen Zuschriften, die uns in den vergangenen Monaten erreicht haben, möchte ich mich im Namen der Mitarbeiter der JU-Bundesgeschäftsstelle bedanken. Ihre Briefe waren ein Quell ständiger Freude.

Nicht ganz so glücklich dürften Sie als Mitglied des deutschen und europäischen Hochadels mit der Entwicklung an den Finanzmärkten sein. Daher können wir Ihr energisches Drängen nach Rücksendung der Briefmarke sehr gut nachvollziehen. In Zeiten wie diesen schmälern fünfundfünfzig Cent Portokosten den gräflichen Geldbeutel enorm, gerade vor dem Hintergrund, dass auch die Preise am Kunstmarkt erheblich eingebrochen sind, was insbesondere Ihnen schwer zu schaffen machen dürfte. Deshalb finden Sie Ihre hochgeschätzte und unberührte Briefmarke im Anhang dieses Schreibens.

Gerne hätten wir auch einmal mit Ihrer Frau korrespondiert, von der wir ungewollt viel erfahren haben. Ein wenig mehr Emanzipation hätten wir in dieser Hinsicht schon von Ihnen erwartet. Bitte grüßen Sie Ihre Gemahlin recht herzlich und richten Sie aus, dass es nicht unsere Absicht war, ein derart großes Loch in die Haushaltskasse zu reißen.

Mit freundlichen Grüßen

(Es folgt eine unleserliche Unterschrift.)

IKEA Deutschland
– Geschäftsleitung –
Am Wandersmann 2–4
65719 Hofheim-Wallau

BETR.: DAS DUZEN

Sehr geehrte Damen und Herren!

»Hey, jetzt kannst du dein Schlafzimmer komplett neu einrichten und dabei noch sparen!«, sowie etwas später, als wäre ich der Michel aus Lönneberga: »In unserem Restaurant warten heute wieder viele leckere Spezialitäten auf dich!«, schallte mir gestern aus den Deckenlautsprechern in Ihrer Ikea-Filiale in Spandau entgegen, als ich mir gerade den »Esstisch Ingo« anschaute.

Ich fühlte mich etwas düpiert – schließlich bin ich schon achtundfünfzig Jahre alt und ich kannte den Sprecher gar nicht näher. Wahrscheinlich weiß er nicht, dass der herablassende Beiklang des Duzens (von oben nach unten) durchaus als gezielte Unhöflichkeit gewertet werden kann. Denn wenn die Aufforderung, einander zu duzen, vom Rangniederen ausgeht, wird dies immer als beleidigend aufgefasst. Ich zum Beispiel hätte es früher als junger Bursche nie gewagt, jemanden, der über dreißig war, zu duzen.

Zu Hause ging es dann abends weiter. Ich hatte mich schon bettfertig gemacht, da fiel mir noch etwas zum »Esstisch Ingo« ein und ich wollte auf Ihrer Internetseite nachschauen. Doch was fragen Sie mich dort wieder sehr vertraut? Dieses hier: »Und wie schläfst Du am besten?« So in einem Ton, als hätten wir schon mal zusammen in Schweden während der Mittsommernacht am Lagerfeuer, inmitten eines Mückenschwarms, Köttbullar mit Soße gegessen.

Mit Verlaub: Das geht keinen etwas an, wie ich schlafe. Eigentlich steht es mir, dem Älteren, zu, Ihnen das »Du« anzubieten und nicht umgekehrt. Früher wurde das gemeine Volk von Klerus und Adel geduzt, während dieses die gesellschaftlich Höhergestellten mit einer Pluralform und gegebenenfalls weiteren Titeln wie »mein Herr« oder mit »Hochwohlgeboren« anzureden hatte. Duzen ist wohl nur unter jungen Leuten üblich, die in keinem förmlichen Verhältnis zueinander stehen.

Also bitte, warten Sie ab, bis *ich* Ihnen das »Du« anbiete. Vorher möchte ich Sie bitten, mich weiterhin zu »siezen«. Ob ich den »Esstisch Ingo« bei Ihnen erwerbe, mache ich davon abhängig, wie Sie mich in nächster Zeit ansprechen werden.

Hochachtungsvoll

L.G.v.Beimung

P.S.: Ich schlafe übrigens sehr gut – in einem Bett von Ludwig XIV. aus dem Jahre 1709.

ANTWORT (per E-Mail):

Sehr geehrter IKEA Kunde,

zuerst einmal bedanken wir uns für Ihre offene und freundliche Kritik an unserer Kundenansprache. Nur so können wir lernen und besser werden. Dennoch: Wir haben uns ganz bewusst entschieden, unsere Freunde und Kunden in unserer Werbung mit »Du« anzusprechen.

Es ist keineswegs ein Marketing-Gag, wie einige meinen. Vielmehr sagt das »Du« etwas darüber aus, wer wir sind und woher wir kommen. Mit unserem Herzen kommen wir aus Småland in Schweden. Unseren eigenen Weg zu gehen, ist småländisch. In Schweden sagt man »Du«. Trotzdem ist man dort nicht unhöflich zueinander. Im Gegenteil: Dort werden Höflichkeit und ein respektvoller Umgang miteinander groß geschrieben. Das ist unser Weg, mit Menschen umzugehen. In unserer Firmenkultur, in der wir auf Status und Hierarchie wenig, auf ein unkompliziertes Miteinander dagegen viel Wert legen, ist das »Du« schon lange präsent.

Darüber hinaus haben wir uns für das »Du« entschieden, weil wir uns unseren Kunden heute enger verbunden fühlen denn je. Schließlich verdanken wir ihnen eine ganze Menge. Ohne unsere Kunden wären wir nicht da, wo wir heute sind. Viele positive Reaktionen unserer Kunden seit der Einführung des »Du« bestätigen uns in unserer Entscheidung. Natürlich bleiben wir in der persönlichen Ansprache einzelner Kunden weiterhin beim »Sie«. Niemand wird von unseren Mitarbeitern geduzt, wenn er das nicht möchte.

Wir hoffen, wir konnten Ihnen unsere Gründe ein wenig plausibel machen. Und würden uns freuen, Sie bald mal wieder bei uns begrüßen zu dürfen.

Mit freundlichen Grüßen
Snezana A.
IKEA Service-Center

AUGUST STORCK KG
Werther's Original
– Geschäftsleitung –
Waldstraße 27
13403 Berlin

Graf von Blickensdorf

BETR.: NEUE LECKEREI

Sehr geehrte Damen und Herren!

Auf der Verpackung Ihrer Bonbons Werther's Original (früher Werther's Echte) steht: »Es geschah vor langer Zeit im Städtchen Werther. Dort schuf der Zuckerbäcker Gustav Nebel auf der Höhe seines Könnens sein bestes Bonbon. Er nahm frische Sahne, gute Butter, weißen Kristallzucker, goldgelben Kandis, eine Prise Salz und viel Zeit.«

Auch der Zuckerbäcker meiner Vorfahren schuf 1749 auf der Höhe seines Könnens seine beste Trüffelpraline. Allerdings mit wenig Zeit, denn mein Vorfahre, Graf August war ein ungeduldiger Mann und befahl seinem Zuckerbäcker englische Trüffelpralinen, die er beim englischen König einmal gegessen hatte. Nur noch besser sollten sie sein. Also schuf der Zuckerbäcker deliziöse Teemandeltrüffelpralinés.

Falls Sie Interesse daran haben, hier das Original-Rezept der Pralinés, wie sie gern auf Schloss Blickensdorf gereicht wurden: 2 TL Teeblätter, ein Becher Sahne, 30 g Zucker, 50 g Butter, Rum (je nach Gusto, ich nehme immer etwas mehr), 300 g Kuvertüre weiß, 30 Stück Mandeln, Trüffelmasse und ein paar geheime Zutaten, die ich Ihnen erst verrate, wenn wir das Geschäftliche abgeschlossen haben. Und jetzt kommt der Clou (eine Idee von mir): Man fügt noch 30 bis 35, in einem Mörser fein zermahlene Bullrichsalz-Tabletten unter die Masse. So beugt man Sodbrennen bei Übergenuss vor. Ist das nicht pfiffig?

Man könnte sie nennen: »Graf Blickensdorf's Echte«, der Name ist ja jetzt frei, oder »Graf Blickensdorf's Gaumenkitzler«, »Graf Blickensdorf's Traumpralinés«, »Grafen-Knöpfe«, »Süßer Graf«, »Nimm-2-Graf-Blickensdorfs«, »Der-Graf-darf« oder »Graf-Blickensdorfs-Süße-Mandel-Goldstücke« usw.

Die beiden Fernsehküchenclowns Lafer und Lichter würden vor Staunen vergessen, albern zu sein, und das Wasser würde unter ihren Brücken zusammenlaufen, als wäre in ihren Mündern ein Tsunami ausgebrochen. So etwas würden die beiden nicht einmal im Traume hinbekommen. Wegen diesen himmlisch schmeckenden Kostbarkeiten haben meine Vorfahren früher sogar Kriege geführt.

Über die Bezahlung würde man sich sicherlich einig werden. Sollten Sie wegen der allgemeinen wirtschaftlich angespannten Lage gerade nicht flüssig sein (so wie ich), könnte man sich durchaus über Bezahlung durch Naturalien einigen.

Mit vorzüglichen süßen Grüßen

L.G.v.Beimuf

ANTWORT:

Sehr geehrter Herr Graf von Blickensdorf,

vielen Dank für Ihre Antwort auf unser Schreiben vom 19. Mai 2009.

Wie Sie sich sicherlich vorstellen können, erreichen uns täglich eine Menge neuer Produktideen. Über diese freuen wir uns sehr, denn daran merken wir, dass sich unsere Verbraucher Gedanken über unsere Produkte machen.

Da wir jedoch eine eigene Abteilung haben, die ausschließlich für Produktentwicklung zuständig ist, greifen wir nur auf deren Vorschläge zurück. Wir bitten Sie hierfür um Ihr Verständnis und möchten Ihnen mitteilen, dass wir uns sehr über Ihr

Rezept der Pralinen, wie sie auf Schloss Blickensdorf gereicht wurden, gefreut haben.

Als kleines Dankeschön für Ihre nette Idee übersenden wir Ihnen eine süße Aufmerksamkeit und hoffen, Sie auch in Zukunft zu den Freunden der STORCK Marken zählen zu dürfen.

Mit freundlichen Grüßen
AUGUST STORCK KG
i. A.

Anlage

NIVEA
– Geschäftsleitung –
Im Prien-Haus
Jungfernstieg 51
20354 Hamburg

Graf von Blickensdorf

BETR.: GESICHTSCREME

Sehr geehrte Damen und Herren!

Neulich habe ich in den Spiegel geschaut und bemerkt, dass ich eine Haut habe wie ein sechzehnjähriger Pfirsich. Nun ja, das Alter, dachte ich resignierend.

Bis vor einigen Tagen meinem Koch in unserer Schlossküche ein kleines Malheur passierte. Er heißt Pierre und ist nur ein mittelmäßiger Koch. Das Personal ist ja leider nicht mehr das, was es früher war. Aber wem sage ich das? Also, es war Folgendes passiert: Beim Zubereiten einer Speise waren dem armen Pechvogel einige Zutaten zu Boden gefallen und hatten sich vermischt. Und was macht dieser unglückliche Tropf? Er mengt alles zusammen und füllt es in eine zufällig anwesende leere Nivea(!)-Dose, um es später an unseren Schlosskater zu verfüttern.

Da ich am Wochenende nur das nötigste Personal (die Wirtschaftskrise trifft auch den Adel, leider, seufz) im Hause habe, brate ich mir schon mal meine Spiegeleier persönlich. Plötzlich, während ich mir fröhlich pfeifend mein Mahl zubereitete, fiel mir die Nivea-Dose ins Auge. Da ich den ganzen Tag über schon etwas trockene und gespannte Gesichtshaut hatte, cremte ich mir mit dieser gallertartigen Masse mein Gesicht ein. Oh! Was war das? Sofort empfand ich ein wohltuendes Gefühl im Gesicht. Als ich daraufhin in den Spiegel schaute, sah ich um Jahre jünger aus! Endlich hat mein unglücklicher Pierre mal etwas richtig gemacht, allerdings nur unbeabsichtigt. Nicht auszudenken, wenn er die gallertartige Masse unserem Schlosskater verfüttert hätte – er hätte sich garantiert wieder zum Katzenembryo zurückentwickelt. Aber es ging ja alles noch mal gut.

Nun hier mein Vorschlag: Wenn ich Ihnen das Rezept verrate, wie viel Geld wären Sie in der Lage, mir dafür zu zahlen? Sie könnten die Creme dann ruhig »Graf Blickensdorf's feinster Gesichtsbalsam« nennen und sie dadurch auch im höheren Preissegment ansiedeln.

In Erwartung eines interessanten Angebotes verbleibe ich daher mit dem Ausdruck vorzüglichster Hochachtung

Ihr ganz ergebenster

L.G.v.Beinung

ANTWORT:

Sehr geehrter Herr Graf von Blickensdorf,

vielen Dank für Ihren Brief. Wir freuen uns, dass Sie uns eine Rezeptur für eine Creme anbieten.

Leider müssen wir Ihnen mitteilen, dass solche Vorschläge in der Regel nicht honoriert werden. In einem solchen Fall müsste ein gesonderter Vertrag geschlossen werden, in dem ein Honorar bzw. eine Lizenzzahlung vereinbart würde. Dies kann aber nur dann geschehen, wenn es sich um Vorschläge handelt, die patentierbar sind, was in einem umfangreichen Verfahren festgestellt werden müsste. Darüber hinaus wäre zu prüfen, ob das Konzept für die Firma Beiersdorf wirklich neu und durchführbar ist. Da Ihre Geschichte sich aber eher nach einem Zufall anhört, der nicht reproduzierbar ist, erscheint uns die Rezeptur nicht lohnend.

Als kleines Dankeschön für Ihren Vorschlag senden wir Ihnen anbei eine unserer NIVEA Creme Dosen.

Natürlich sind wir gerne persönlich für Sie da. Ihr Verbraucherservice freut sich, Ihre Fragen von Montag bis Freitag zwischen 9:00 Uhr und 16:30 Uhr unter der Telefonnummer 040-4909-5578 zu beantworten.

Mit freundlichen Grüßen

Beiersdorf AG
Geschäftsbereich Deutschland
Consumer Service

Helge B.

Bundeskanzleramt
Bundeskanzlerin Angela Merkel
Willy-Brandt-Straße 1
10557 Berlin

BETR.: ABWRACKPRÄMIE

Sehr geehrte Frau Bundeskanzlerin Dr. Merkel!

Sie wissen, dem Bankwesen und der Autoindustrie geht es im Moment gar nicht gut.

Was Sie vielleicht nicht wissen – auch dem Adel geht es finanziell nicht gut. Hohe steuerliche Belastungen, fest angelegte Devisenkonten im Ausland, nicht veräußerbare Grundstücke, erhaltenswerte Gebäude, die unter Denkmalschutz stehen und Unmengen an Geld kosten und so weiter.

Ich möchte Ihre kostbare Zeit nicht länger in Anspruch nehmen und möchte deshalb sofort zur Sache kommen. Mein Vorschlag wäre: Führen Sie eine Abwrackprämie für Adelsnamen ein. Dann hätte man wieder etwas »flüssiges« Kapital, mit dem man arbeiten könnte und Schlösser und Burgen, die sonst dem Verfall preisgegeben wären, könnten dadurch erhalten bleiben. Da der Adel seit 1918 abgeschafft ist, haben Adelsnamen sowieso keine relevante Bedeutung mehr und sind lediglich nur ein Namenszusatz.

Ich würde mich freuen, wenn Sie einen entsprechenden Vorschlag im Bundestag einbringen würden. Auf eine positive Antwort von Ihnen, liebe Frau Dr. Merkel, würde ich mich sehr freuen und verbleibe mit vorzüglicher Hochachtung

Ihr ganz ergebenster

P.S.: Meine Frau, die eine große Verehrerin von Ihnen ist, würde sich sehr über ein Autogramm von Ihnen freuen.

<u>ANTWORT:</u>

Sehr geehrter Graf von Blickensdorf!

Bundeskanzlerin Dr. Angela Merkel hat mich gebeten, Ihnen für Ihr Schreiben vom 28. Februar 2009 zu danken.
 Ihre Ausführungen und Ihre engagierten Bewertungen wurden hier aufmerksam aufgenommen.
 Die Bundeskanzlerin überlässt Ihnen gern ein Foto mit ihrem Namenszug für Ihre Frau.

Mit freundlichen Grüßen
Werner B.

Gemeindepräsident
Herrn Andreas Holz
Rathausstraße 2
CH–6341 Baar
Schweiz

Graf von Blickensdorf

BETR.: BLICKENSDORF

Sehr geehrter Herr Holz!

Zu Ihrer Gemeinde gehört der Ortsteil Blickensdorf, der ebenso heißt wie ich, weil meine Urahnen von dort stammen. Wegen der Glaubenskriege im 16. Jahrhundert hat sich meine Familie damals in alle Welt verstreut. Leider gibt es keine urkundlichen Dokumente mehr, denn der schreckliche Zweite Weltkrieg hat gründliche Arbeit geleistet und sie alle vernichtet.

Ich bin trotzdem immer noch auf der Suche nach Verwandten. Deshalb nun meine Frage: Gibt es in Ihrer Gemeinde derzeit noch Grafen oder Gräfinnen derer von Blickensdorf?

Gern würde ich auch einmal unter einer fachlichen Führung den Ort Blickensdorf besichtigen. Könnten Sie das für mich arrangieren? Ich könnte es mit dem Besuch einer lieben Freundin, der Prinzessin zu Schaumburg-Lippe verbinden, die in Oberägeri wohnt. Ich denke, so Ende Mai könnte ich mit meinem Privatsekretär einmal bei Ihnen im Rathaus vorbeischauen und später könnte man noch bei einem Käsefondue und einer guten Flasche Wein etwas plaudern.

Sollte es mir bei Ihnen gefallen, ziehe ich in Erwägung, mich dort niederzulassen – vorausgesetzt, es gibt eine standesgemäße Immobilie wie Schloss, Burg, Herrenhaus oder dergleichen.

Stellen Sie sich einmal vor, was das für den Tourismus in Ihrer Region bedeuten würde, wenn Sie wieder einen richtigen Grafen in Blickensdorf hätten. Das wäre ein säkulares Ereignis!

Im Internet habe ich entdeckt, dass es den Armbrustschützenverein Blickensdorf gibt. Schießen Sie etwa heute noch in der Schweiz wie weiland Wilhelm Tell kleinen Jungs Äpfel vom Kopf? Ist das nicht viel zu gefährlich? Und etwas altmodisch? Meinen Sohn würde ich aber dafür nicht zur Verfügung stellen. Das wird auch hoffentlich nicht Pflicht bei Ihnen sein, wenn ich in Blickensdorf wohne, oder? (Haha, kleiner Scherz am Rande ...)

Über eine Antwort Ihrerseits würde ich mich sehr freuen und verbleibe mit vorzüglichster Hochachtung

Ihr ganz ergebenster

L.G.v. Beinung

ANTWORT:

Betrifft: Ihr hochgeschätztes Schreiben vom 12. April 2009 betreffend Blickensdorf, Baar

Sehr geehrter Herr Lo Graf von Blickensdorf!

Vorab erlauben Sie mir, dies im Namen der gesamten Bevölkerung der Gemeinde von »alt fry« Baar, zu welcher der Ortsteil bzw. die Korporation Blickensdorf gehört, Ihnen herzlichst für Ihre außerordentlich sympathische Kontaktnahme bestens zu danken. Ich mache keinen Hehl daraus, dass es mir in meiner langjährigen, mehr oder minder erfolgreichen Politarbeit und insbesondere als Präsident einer der attraktivsten Gemeinden der Eidgenossenschaft noch nicht oft vergönnt war, mit einem wahrhaften Blaublut in direktem Kontakt zu stehen.

Trotzdem erlauben Sie mir bitte, Sie darauf aufmerksam zu machen, dass die Korporation Blickensdorf zwar über erhebliche Waldbestände verfügt, mein Familienname jedoch trotzdem nicht auf Holz, sondern auf Hotz (wie Hotzenplotz aus dem Hotzenwald in der Nähe von Waldshut) lautet.

Ihre Beurteilung betreffend die Auswirkungen des Zweiten

Weltkrieges teile ich und es ist daher meines Erachtens sehr lobenswert, dass Sie auch ohne nennenswerten urkundlichen Fundus versuchen, Ihre Wurzeln und damit verbunden weitere Verwandte und Familienmitglieder zu finden. Selbstverständlich bin ich im Rahmen meiner Möglichkeiten gern bereit, Ihnen bei dieser Suche mit Rat und Tat zur Seite zu stehen (sollte dies gleichzeitig mit dem entspannten Genuss einer sehr guten Flasche Wein verbunden werden, fällt mir die Hilfestellung selbstverständlich noch um einiges leichter).

Leider muss ich Ihnen mitteilen, dass gemäß meinem bisherigen Wissen in Blickensdorf keine Grafen oder Gräfinnen gehaust haben bzw. heute dort noch leben würden. Im Gegenteil: In Blickensdorf stand das Geburtshaus von Hans Waldmann, der 1435 an besagtem Ort zur Welt kam, später als großer Heerführer der alten Eidgenossenschaft für Furore sorgte und von 1483 bis 1489 als Bürgermeister der Stadt Zürich zu großer, aber auch berüchtigter Berühmtheit kam. Wie wohl viele Grafen auch, kam der bürgerliche und aus ärmlichen Verhältnissen stammende Hans Waldmann im Jahre 1489 auf dem Schafott durch das Richtschwert zu Tode.

Blickensdorf selbst hat sich als eigenständiger Dorfteil erhalten und es wäre bzw. ist mir eine große Ehre, Sie zu gegebener Zeit und mit Unterstützung der dortigen Ureinwohner und historischer Fachkräfte durch den Ort zu führen.

Sollten Sie dabei auch noch von Prinzessin zu Schaumburg-Lippe, deren Kindern, Ihrem Privatsekretär und weiteren sich wohlverhaltenen Mitgliedern Ihrer Entourage begleitet werden, würde mich dies noch speziell ehren und freuen.

Trotz Steinbrückscher Anti-Charme-Offensive müssen Sie sich betreffend Übernahme der Kosten keinerlei Sorgen machen (inklusive Käsefondue, Wein und Kirschwasser).

Bereits heute bin ich davon überzeugt, dass nach diesem ersten Besuch Sie versucht sein werden, sich umgehend in unserer Gemeinde niederzulassen. Dies – nota bene – nicht aus steuerlichen Gründen, sondern aufgrund der Überzeugung, dass Attribute wie Offenheit, Gastfreundschaft, Lebensfreude,

Humor, Kunstverständnis, Weltoffenheit etc. bei uns nicht einfach Makulatur sind, sondern echt gelebt werden. Die Aufnahme im Armbrustschützenverein sollte für Ihren Sohn, sollten Sie denn auch tatsächlich Vater eines solchen sein, auch ohne Apfelschuss ermöglicht werden können.

Untergebenst und wohlwissend, dass ein Graf von Blickensdorf allenfalls altrechtliche Besitzansprüche geltend machen wird, würde ich mich freuen, Sie bei uns in Baar begrüßen zu dürfen. Nehmen Sie bitte zwecks Vereinbarung eines Termins mit dem Unterzeichneten direkt Kontakt auf.

In der Zwischenzeit verbleibe ich mit hochachtungsvollen Grüßen
Andreas Hotz
Gemeindepräsident

Rotkäppchen Sektkellerei GmbH
Geschäftsführung
Sektkellereistraße 5
06632 Freyburg/Unstrut

BETR.: IHRE SEKTUMBENENNUNG

Sehr geehrte Damen und Herren der Geschäftsführung!

Als ich mir neulich aus Neugier in meinem Delikatessengeschäft in Westberlin zwei Flaschen »Rotkäppchen-Sekt« erwarb, habe ich sie hinterher auf der Rückbank von meinem Wagen mit meinem Kaschmirpullover verschämt zugedeckt. So peinlich war mir das. Wenn das jemand sieht, dachte ich. Der Graf mit Kommunisten-Sekt.

Zu Hause in meinem Kaminzimmer führte ich ihn mir zu Gemüte. Donnerwetter, dachte ich nach der ersten Flasche. Ganz passabel. Einwandfrei! Ihr Sekt kitzelt frech im Gaumen, hat viele würzige Eindrücke von Sahnebonbons und schlussendlich einen intensiven, aber leider auch einen etwas möpselnden Abgang. Trotzdem hat er einen jugendlichen Schwanz, welcher noch lange auf der Zunge verweilt. Nach zwei Bullrichsalz-Tabletten gegen das Sodbrennen am nächsten Morgen war bei mir wieder alles im grünen Bereich. Ach Gott, man kann ihn natürlich nicht mit meinem Lieblingschampagner »Cuvée Belle Époque« vergleichen. Der kostet aber auch gleich so viel wie eine kleine 300-PS-Motoryacht.

Aber der Name! »Rotkäppchen-Sekt«! Das ist irgendwie, erlauben Sie mir die profane Ausdrucksweise, irgendwie »äh bäh!«. Das riecht für einen Wessie wie mich nach gebohnerten Politbüroflurfen, farblosen Konsum-Läden, holpriger Transitstrecke, schlecht gekleideten Kellnern in HO-Gaststätten und unfreundlichem Intershop-Personal. Sozusagen trinkt man mit jedem Schluck etwas von der Ideologie der DDR mit, finden Sie nicht auch? Oder möchten Sie das sogar? Dann will ich nichts gesagt haben. Meine Frau Mutter, die eine blitzgescheite Frau ist, meinte einmal: »Dass es in der DDR ein so kapitalistisches Getränk wie Sekt gab, ist ja eigentlich paradox.« Etwas bizarr, oder?

Aber egal. Die DDR ist tot und die Devise heißt jetzt wieder: Bauernland in Junkerhand.

Als ich dann die zweite Flasche entkorkt hatte, plopp, kam mir eine glänzende Idee: Wie wäre es denn, wenn Sie den alten Namen einfach vergessen würden und Ihren Sekt nun ab sofort »Graf-Blickensdorf-Sekt« nennen würden? Ich würde Ihnen dafür sogar mein Familienwappen für das Etikett zur Verfügung stellen. Wäre das nicht großartig? Das wäre doch ein adäquater Name für einen Sekt, mit dem man den Weltmarkt erobern könnte und damit den Umsatz verdoppeln, wenn nicht sogar verdreifachen. Denken Sie zum Beispiel nur an den großen Erfolg von Fürst Metternich Sekt.

Ich geh sogar noch weiter: Ich würde für Sie sogar den Reklame-Kaspar machen. Mir würde man sofort abnehmen, dass ich ganz gern schon mal das eine oder andere Tröpfchen verkasematuckel. Ja, geradezu prädestiniert wäre ich dafür. Nach einer Flasche wird nämlich meine Nase jedes Mal ganz rot, sodass meine Frau, die leider Abstinenzlerin ist, immer schon Bescheid weiß, wenn sie mich im Kaminzimmer so dasitzen sieht. Aber das ist erblich bedingt. Sie müssen wissen, bei den Grafen derer von Blickensdorf fließt kein blaues Blut, sondern Champagner bzw. Sekt in den Adern.

Na? Wie finden Sie meinen Vorschlag? Schlicht, aber einfach, oder?

Da ich momentan über ein großes Zeitfenster verfüge, könnte ich einmal stante pede bei Ihnen vorbeischneien, um mit Ihnen über das Geschäftliche zu reden.

Also, vorwärts – und nicht mich vergessen! Prost!

Über eine positive Antwort von Ihnen würde ich mich sehr freuen und verbleibe in diesem Sinne

Ihr ganz ergebenster

L.G.v.Beinung

ANTWORT:

Sehr geehrter Graf von Blickensdorf,

vielen Dank für Ihr Schreiben vom 17.05.09 betreffend »Ihre Sektumbenennung«.
 Leider müssen wir Ihnen mitteilen, dass wir keine Möglichkeit einer eventuellen Zusammenarbeit sehen.
 Wir bitten Sie hierfür um Ihr Verständnis,
 wünschen Ihnen viel Erfolg auf allen weiteren künstlerischen Wegen und verbleiben

mit freundlichen Grüßen
Ulrich E.
Korenke PR

Seiner Exzellenz,
dem Botschafter von Großbritannien
Sir Michael Arthur
Britische Botschaft
Wilhelmstraße 70
10117 Berlin

BETR.: GÄSTELISTE

Sehr geehrter Herr Botschafter, Seine Exzellenz Sir Arthur!

Gestern ging hier in Berlin der Deutschlandbesuch von Seiner Königlichen Hoheit des Prinzen von Wales und seiner Gattin, Ihrer Königlichen Hoheit, der Herzogin von Cornwall, zu Ende.
  Leider war ich nicht eingeladen und habe deshalb versucht, Ihre Botschaft ohne Einladung zu betreten. Obwohl ich mich den anwesenden Sicherheitskräften ausgewiesen habe, wurde mir der Zutritt verwehrt und ich wartete draußen auf der Wilhelmstraße.
  Plötzlich kamen dann die Königlichen Hoheiten in chromblitzenden Limousinen vorgefahren und nahmen ein Bad in der Menge. Dabei wäre ich gern die Seife gewesen. Aber Menschen aus dem einfachen Volke, die keinen Respekt mehr vor adeligen älteren Herrschaften haben, schoben mich despektierlich zur Seite. Dadurch konnte ich nur aus der Ferne einen Blick auf Seine und Ihre Königliche Hoheit erhaschen. Die Herzogin von Cornwall in ihrem beigefarbenen leichten Mantelkleid und der wie immer picobello gekleidete Prinz von Wales waren ein Augenschmaus.
  Deshalb meine große Bitte: Ich wäre Ihnen sehr dankbar, Sir, wenn Sie mich und meine Frau bei Deutschlandbesuchen des Prinzen in Zukunft immer auf die Gästeliste setzen würden, da ich ein großer Bewunderer des Prinzen von Wales bin. Sie haben ja eine so schöne und große Botschaft, da ist doch bei dem nächsten Bankett bestimmt noch Platz für zwei Personen, oder? Die Freundschaft des britischen Königshauses mit dem niedrigen Adel sollte

doch Bestandteil des modernen Verhältnisses zwischen Großbritannien und Deutschland zu Beginn des 21. Jahrhunderts sein.

Wie ich hörte, sei der Prinz nämlich ein exzellenter Gesprächspartner, der an Tiefe, Höflichkeit und Humor nichts zu wünschen übrig lässt und vorbildlich der britischen Krone dient. Auch ich diene der Krone – allerdings nur meiner Zahnkrone.

Dieser selbst erfundene Witz von mir soll Ihnen zeigen, dass ich ebenfalls Humor habe und deshalb auch ein idealer Gesprächspartner von Prinz Charles wäre. Die Engländer sind ja berühmt für ihren britischen Humor – die Grafen von Blickensdorf aber auch. Ein Gespräch über Natur und Umweltschutz wäre ebenfalls sehr anregend. Meine Frau und ich sind nämlich genauso naturverbunden und kommen in unserem Park auf unserem Sommersitz Gut Dünken fast ganz ohne Pflanzengifte aus. Nur letztes Jahr hatten unsere hochstämmigen Portland-Rosen so hartnäckige Blattläuse, dass meine Frau gezwungen war, das Insektizid Lindan einzusetzen. Leider starb kurze Zeit später der Cockerspaniel unserer Nachbarn. Er hieß »Pucky«. Egal – wir mochten ihn sowieso nicht, den blöden Kläffer.

Ach ja, ehe ich es vergesse. Sagen Sie Ihrem Koch, dass ich alle Gerichte mit Muskat nicht vertrage. Sonst esse ich fast alles.

Ihren Einladungen sehe ich jetzt schon mit Freude entgegen und verbleibe, in der Hoffnung von Ihnen zu hören, hochachtungsvoll

Ihr ganz ergebenster

L. G. v. Beiming

ANTWORT:

Bis heute warte ich noch auf eine Einladung in die Britische Botschaft – dabei habe ich so mit dem sprichwörtlichen britischen Humor gerechnet.

Weinkellerei
Peter Mertes GmbH & Co. KG
In der Bornwiese 4
54470 Bernkastel-Kues

Graf von Blickensdorf

BETR.: NEUE WEINKREATION

Sehr geehrter Herr Mertes!

Als ich mir neulich eine gute Flasche Wein aufschraubte, fragte ich so vor mich hin: »Warum gibt es eigentlich keinen ›Graf Blickensdorf Wein‹?« Prompt gab ich mir selbst die Antwort: »Weil ich hier in Berlin keinen Weinberg besitze und das Wetter nicht so gut für den Weinanbau geeignet wäre.« Ach, wie gern hätte ich in meinem Weinkeller Weinflaschen, auf denen stolz mein Name prangt.

Meine Tante, die alte Gräfin Rottgau, die wir immer nur liebevoll Tante Rotti nannten, Gott hab sie selig, litt in ihren letzten Jahren sehr unter Wasser in den Beinen. An manchen dunklen Winterabenden saß sie in ihrem Lehnstuhl im Kaminzimmer, und immer wenn sie etwas zu viel von ihrem Lieblingswein »Kröver Nacktarsch« gesüppelt hatte, sang sie leise melancholisch vor sich hin: »Ach, wenn das Wasser im Bein nur gold'ner Wein wär' ...« Doch dann ist sie eines Nachts, nach fünf Flaschen »Nacktarsch«, als sie nur einmal kurz unbeaufsichtigt war, aus mysteriösen Umständen von unserem Schlossturm aus in die Tiefe gestürzt. So viel dazu.

In meinem gut bestückten Weinkeller beherberge ich viele seltene Weine. Zum Beispiel eine Flasche vom »1953er Knochenhobler Steißgestänge«, die »Neckarsulmer Pinkelrebe« – sie hat übrigens einen sehr, sehr langen Abgang und ein ganz strenges Bukett, den süffigen »Eppenhauer Schafskopftrank«, ein sehr leckerer fruchtiger Begleiter zu Forelle, sechs Flaschen »Schlaubergers

Sackbügel« mit ganz ausgesuchter raffinierter Edelfäule, mehrere Flaschen vom »Schweinsberger Engels-Saft«, der hervorragend zum herzhaften Leberkäse passt, »Rüdesheimer Knallsack«, der ein sehr charaktervoller Wein mit leichter Reblaus-Note ist, zwei Flaschen »Bockesborner Nasenläufer«, er ist fruchtig-pestizid mit schnellem Abgang und passt hervorragend zu Pfauenzungensalat mit Affenwimpern und *last but not least*: die »Filzlausjuckende Fotzenrebe« – ein vollmundiger Trinkwein, geprägt von süßlichen Röstaromen der amerikanischen Schweinseiche, gut geeignet für ganz besondere Anlässe, wenn Sie wissen, was ich meine, hehe ...

Sie merken schon, ich kenne mich aus mit Weinen, stimmt's? Das kommt daher, dass in unserer Familie, die übrigens bis zurück ins 11. Jahrhundert urkundlich erwähnt wird, schon immer Wein eine große Rolle gespielt hat und nicht nur bei meiner guten Tante Rotti.

Deshalb meine Bitte: Bringen Sie einen Wein mit dem Namen »Graf Blickensdorfs Auslese« heraus. Dann hätte ich zu Hause immer eine Überraschung für meine Gäste. Das hört sich doch alle Male besser an als »Käfer Wein«, den Sie auch in Ihrer eigenen Manufaktur herstellen. Da denkt man ja gleich, der Wein wäre aus Käfern gemacht. Meine Frau, der ich davon erzählte, ekelte sich dermaßen, dass sie sofort wieder ihren Herpes an der Oberlippe bekam.

Besser als der »Käfer Wein« würde sich der »Graf Blickensdorf Wein« allemal verkaufen, denken Sie nur an die großen Erfolge von Produktnamen mit Adelsnamen wie Fürst Metternich, Fürst Pückler, Der Graf von Monte Christo, Graf Zeppelin, Graf Lambsdorff, Graf Zahl und Steffi Graf.

Nun, ich kann gut verstehen, wenn Sie jetzt sagen: »Ich nenne jetzt doch nicht meinen besten Wein um.« Nein, das verlange ich auch gar nicht. Ich wäre auch mit einem Wein minderer Qualität zufrieden. Man könnte ihn ja mit etwas Rohrzucker und ein paar Kopfschmerztabletten ein wenig »aufpeppen«. Mein Schwager sitzt im Aufsichtsrat eines renommierten Chemiekonzerns und könnte uns die Kopfschmerztabletten in Großhandelspackungen günstig besorgen. Muss ja niemand wissen. Ich erzähle auch nichts weiter, versprochen! Ich bin verschwiegen wie meine Schwiegermutter.

In der Hoffnung bald von Ihnen zu hören, verbleibe ich mit weinseligen Grüßen

Ihr ganz ergebenster

L.G.v. Beimung

P.S.: Meine Frau meinte gerade, dass ein »Graf Blickensdorf Wein« als Tetrapack sehr viel praktischer wäre als Flaschen, weil sie ihn dann platzsparender im Eisschrank verstauen könnte. Auch da hätte ich nichts gegen, solange die Verpackung edel aussieht. Vielleicht dann im Porsche-Design und mit geschwungener Schrift in Gold oder so? Wo sollte man Wein am besten aufbewahren? Na? Klingelt's? Im Bauch natürlich. Prost!

ANTWORT:

Peter Mertes hat sich wahrscheinlich nach zu vielen Weinproben des Käfer-Weins in ein Krabbeltier verwandelt und kann deshalb nicht antworten …

Deutsches Adelsarchiv
Dr. Christoph Franke
Schwanallee 21
35037 Marburg

Graf von Blickensdorf

BETR.: EINTRAG INS ADELSARCHIV

Sehr geehrter Herr Dr. Franke!

Mein Sohn hat neulich im Deutschen Adelsregister geblättert und festgestellt, dass unsere Familie dort gar nicht vermerkt ist. Deshalb behauptet er, dass wir ja kein »richtiger« Adel wären. Und ich kann nicht verhehlen, dass ich seitdem einen gewissen Groll gegen meinen Sohn hege.

Ich weiß, dass wir nicht im Adelsarchiv stehen, denn meine Familie stammt ursprünglich aus dem Ort Blickensdorf bei Baar in der Schweiz und ist während der Glaubenskriege im 16. Jahrhundert in den sogenannten »Polnischen Korridor« geflüchtet. Am 11. Juli 1920 wurden die zum »Polnischen Korridor« gehörenden Gebiete an Polen abgetreten und meine Familie wurde abermals gezwungen zu flüchten, denn Polen wollten sie nicht werden. Dieses Mal flüchteten sie nach Münster in Westfalen.

Nur so lässt sich erklären, dass sie sich nie im Deutschen Adelsarchiv haben eintragen lassen – weil sie nicht vermögend waren. Denn sie hatten ja ihre ganzen Ländereien und dergleichen in der Schweiz zurücklassen müssen und mussten dann 1920 wieder erneut ihre neue Heimat verlassen. Nach zwei schrecklichen Weltkriegen sind unsere letzten urkundlichen Beweise auch noch vernichtet worden.

Wenn Sie mir nun ein paar private Erläuterungen erlauben würden? Gestern hat mein Sohn mir eröffnet, dass er heiraten werde. Und zwar eine Bürgerliche! Ein gewisses Fräulein Schmidtke!

Als wäre es nicht schon schlimm genug, will er auch noch den Namen dieser Frau annehmen: Schmidtke. Wie hört sich das denn an? Max Giselher Stanislaus Schmidtke. Na, wie finden Sie das? Schlimmer geht's nimmer! Degoutant, nicht wahr? So ein ungezogener Lümmel! Ich will es etwas salopp sagen: Der hat doch nicht mehr alle Henkel an der Kanne, oder?

Ich hatte in letzter Zeit schon häufiger Streit mit meinem Sohn. Ich achte nämlich als Familienoberhaupt darauf, dass unsere alten Familientraditionen nicht in Vergessenheit geraten. Zum Beispiel unser »Wangenfest«. Immer am 11. Juli, wenn die Familie beim Fünf-Uhr-Tee gemütlich zusammensitzt, geben wir uns traditionell gegenseitig eine Backpfeife. Nicht sehr feste, aber auch nicht kraftlos. Das ist sehr gesund für die Durchblutung, härtet ab und hat noch keinem geschadet. Das hat mein Großvater schon so gemacht und auch mein Vater. Nur mein sauberer Herr Sohn weigert sich neuerdings, diese Tradition fortzuführen. »Kindisch« findet er das.

Obwohl ich alles versucht habe, ihn gut zu erziehen und ihm alle nur denkbaren preußischen Tugenden einzubläuen, ist er mir so missraten. Da mein Sohn mir vorwirft, dass wir ja kein »richtiger« Adel sind, möchte ich es ihm nun beweisen und mich offiziell in das Deutsche Adelsregister eintragen lassen. Vielleicht kann ich ja die ominöse Hochzeit dadurch noch verhindern.

Nun meine Frage: Wie teuer wäre der Eintrag bei Ihnen? Und muss man für jedes Jahrhundert, das man die Familie zurückverfolgen kann, bezahlen oder gibt es Pauschalpreise? Ist Ratenzahlung möglich? In der Hoffnung auf eine schnelle Bearbeitung meiner Bitte verbleibe ich

hochachtungsvoll

L. G. v. Beimuf

ANTWORT:

Keine Antwort. Jetzt ist die Hochzeit nicht mehr zu verhindern. Herrn Dr. Franke lade ich hiermit zu unserem Wangenfest ein.

GRAF ODER GRÄFIN WERDEN: EINE ANLEITUNG

Wie werde ich eigentlich Graf? Wer Graf oder Gräfin werden will, muss nicht reich sein oder gute Beziehungen haben. Natürlich gilt das auch für Freiherr/Freifrau, Baron/Baronin, Fürst/Fürstin, Herzog/Herzogin oder Prinz/Prinzessin. Es ist ganz einfach: Man lege sich einen Künstlernamen zu. Im Behördendeutsch: Als Künstlername wird ein Name bezeichnet, den sich eine natürliche Person neben ihrem bürgerlichen Namen frei aussucht.

Wenn man schon einen interessanten Nachnamen wie ich hat, stellt man dann einfach ein »Graf von« davor. Das hat den Vorteil, dass man auch, wenn man amtliche Dinge erledigen muss, einen Wiedererkennungswert hat. Namen wie Müller, Schulze oder Schmitt eignen sich weniger dazu. Oder fänden Sie es gut, mit »Graf Schulze« vorgestellt zu werden?

Am besten, man wählt in so einem Fall einen Fantasienamen. Oder vielleicht eignet sich ja die Geburtsstadt für einen Künstlernamen. »Graf von Hildesheim« klingt gut – im Gegensatz zu »Baron von Wanne-Eickel«. Man sollte nur darauf achten, dass es den Namen noch nicht gibt, denn sonst sind Unannehmlichkeiten vorprogrammiert.

Ich betone noch einmal: Keine Angst vor einem Adelsnamen! Es ist völlig legal, denn Adelsnamen sind keine Titel mehr wie früher. Ausnahmen sind natürlich schon vorhandene Adelsnamen. Ärger bekäme man wahrscheinlich, wenn man sich »Rudi Fürst von Thurn und Taxis« nennen würde.

»Und wenn ich kein Künstler bin?«, werden jetzt viele fragen.

Es gibt viele Möglichkeiten, sich als Nichtkünstler einen Künstlernamen zuzulegen. Man könnte sich zum Beispiel eine

Homepage mit »künstlerischen« Arbeiten einrichten oder eine Ausstellung in seiner Stammkneipe organisieren und mit dem Ausstellungsplakat aus dem Copyshop und, falls vorhanden, mit einer Ausstellungskritik im Kreisblättchen zur Meldestelle gehen. Dort muss man einen neuen Personalausweis beantragen und dann wird der Künstlername in das vorgesehene Feld eingetragen.

Man muss nur beweisen können, dass man im letzten Jahr öfter mit seinem Künstlernamen irgendwie schon in Erscheinung getreten ist. Man könnte auch seine Memoiren oder Gedichte schreiben und sie unter seinem Künstlernamen in einem preiswerten Fotobuch, wie sie von bekannten Billigdiscountern überall im Internet angeboten werden, veröffentlichen.

Oder man macht es so wie der Fußballspieler Andreas »Zecke« Neuendorf:

Nach einem Krankenhausaufenthalt wegen eines Zeckenbisses bekam er von seinen Mannschaftskameraden den Spitznamen »Zecke«. Nun wollte er, wie beispielsweise brasilianische Fußballspieler, seinen Spitznamen auch auf seinem Trikot haben. Das geht aber nur mit eingetragenem Künstlernamen im Personalausweis. Also malte Neuendorf zwei Ölgemälde und versteigerte sie im Internet und bekam dadurch den Eintrag »Zecke« im Personalausweis als Künstlername.

Originalzitat aus dem Melderechtsrahmengesetz in der Fassung vom 22. Sept. 2005 (BGBl I S. 2809, 2810) [MRRG II1.1 §3 Abs.9]:

»An den Nachweis des Künstlernamens dürfen keine überzogenen Ansprüche gestellt werden. Es wird im Allgemeinen ausreichen, wenn der Betreffende glaubhaft machen kann, dass er unter einem Künstlernamen bei einem Künstlerverband geführt oder bei Künstleragenturen oder Veranstaltern unter diesem Namen bekannt ist. Bei Schriftstellern oder Journalisten können Publikationen unter einem Künstlernamen als Nachweis anerkannt werden.«

Auch ich wollte meinen Namen im Personalausweis eintragen lassen. Ich packte alles, was mit meinem Künstlernamen zu tun hatte, zusammen: Plakate von Ausstellungen, Screenshots meiner Homepage, Briefe und so weiter.

Als ich dann stolz in der Meldestelle das Zimmer des Sachbearbeiters für Künstlernamen betrat, sah es dort aus, alle wolle jemand umziehen. Überall standen Umzugskartons herum und der Sachbearbeiter packte gerade mit einem traurigen Blick seine vertrockneten und kümmerlich aussehenden Büropflanzen in einen von ihnen. Als ich ihm mein Begehren vortrug, lächelte er säuerlich.

»Da kommen Sie just zwei Tage zu spät.«

»Warum?«, fragte ich erstaunt.

»Weil die Herren da oben«, dabei zeigte er ehrfürchtig an die Zimmerdecke, »die Eintragung der Künstler- und Ordensnamen im Ausweis abgeschafft haben. Leider. Denn ich habe die Arbeit gern gemacht. Ich habe so die unterschiedlichsten Künstler und interessante Menschen kennengelernt.«

Wegen des neuen biometrischen Ausweises wurde das Personalausweisgesetz zum 1. November 2007 klammheimlich geändert und das Feld für »Ordens- oder Künstlernamen« wurde ersatzlos gestrichen.

Enttäuscht fuhr ich wieder nach Hause. So ein Pech aber auch, dachte ich.

Aber das neue Gesetz hielt nicht lange.

Denn daraufhin muss kein Ruck, sondern ein Aufschrei der Künstler durch Deutschland gegangen sein. Maler, Musiker, Schriftsteller und Journalisten protestierten lauthals, weil sie für ihre berufliche Tätigkeit auf Pseudonyme angewiesen sind. Die Probleme wären derer viele gewesen, denke man nur daran, wenn man zum Beispiel auf der Post eine an seinen Künstlernamen adressierte Sendung annehmen will, aber laut Ausweis ganz anders heißt. Da steht dann Udo Jürgens mit vom Sturm zerzausten Haaren am Postschalter und der Postangestellte verlangt seinen Ausweis. Doch in Udo Jürgens' Ausweis steht nur »Udo Jürgen Bockelmann«. Dann darf der Postangestellte das Paket dem

Schlagersänger, den er durch die zerzausten Haare nicht sofort erkannt hat, nicht aushändigen.

Die Proteste wurden jedoch erhört und der Bundesrat hat am 18. Dezember 2008 das Gesetz über Personalausweise und den elektronischen Identitätsnachweis beschlossen, in dem als Nebenregelung auch Künstler- und Ordensnamen wieder der Eintragung in den Personalausweis und damit passfähig gemacht wurden. Sehr erstaunlich, denn Gesetzesänderungen brauchen meistens viele Jahre.

Als ich das erfuhr, radelte ich wieder mit meinen Unterlagen zur Meldestelle. Doch der nette Sachbearbeiter war nicht mehr aufzufinden und eine andere Sachbearbeiterin, die von der Gesetzesänderung noch nichts wusste, gab mir die Adresse von der Leiterin des Amtes für Bürgerdienste in Charlottenburg. Ich solle eine schriftliche Anfrage stellen, was ich auch tat. Als ich nach einer Woche nichts von ihr hörte, rief ich dort an. Erstaunlicherweise bekam ich sie ohne lange Warteschleife sofort ans Telefon.

»Ah, Herr Blickensdorf. Sie glauben gar nicht, was Sie hier angerichtet haben«, stöhnte sie halb amüsiert und halb genervt. »Alle meine Mitarbeiterinnen recherchieren gerade nur für Sie. Über das neue Gesetz zu Künstlernamen im Ausweis weiß nämlich noch niemand so richtig Bescheid. Wir melden uns dann schriftlich bei Ihnen.«

Tatsächlich bekam ich etwas später einen Brief von ihr. Darin stand, dass das neue Gesetz jedoch gemäß dessen Art. 7 erst am 1. November 2010 in Kraft tritt. Bis dahin bleibt es den Meldebehörden versagt, Künstlernamen in den Personalausweis einzutragen.

Was kann man also bis November 2010 tun? Vorübergehend könnte man sich bei einem Berufsverband seinen Künstlernamen bestätigen lassen. Auch ich habe meinen Namen, solange der Eintrag in den Personalausweis und Pass noch nicht möglich ist, beim Bundesverband Bildender Künstler offiziell angemeldet. Oder man lässt sich Autogrammkarten drucken und weist sich damit aus.

Warum soll man sich für bis zu tausend Euro einen »Adelsnamen« aus dem Internet zulegen, wenn es auch billiger geht?

Schließlich leben wir mitten in der Wirtschaftskrise und das Geld sitzt schon lange nicht mehr locker. Mehr als einen Eintrag im Feld für »Ordens- oder Künstlernamen« bekommt man da auch nicht. Der »bürgerliche« Name bleibt nämlich bestehen. Noch mal: Das Führen des Namens »Graf von ...« bei der Verwendung als Künstlername oder Pseudonym ist kein echter Adelstitel. Offiziell ist der Adel schon seit dem 23. Juni 1920 abgeschafft und »Gräfin von« oder »Graf von« ist lediglich ein Namenszusatz (übrigens auch beim sogenannten »richtigen« Adel) und verstößt so nicht gegen gesetzliche Bestimmungen. Genauso verhält es sich natürlich auch mit »Freifrau/Freiherr von«, »Baronin/Baron von«, »Herzogin/Herzog von«, »Fürstin/Fürst von« oder »Prinzessin/Prinz von und zu«.

Man kann also ganz legal Visitenkarten und Briefpapier mit seinem »Adelstitel« benutzen. Auch kann man seine Bahncard oder Kreditkarte auf seinen Künstlernamen ausstellen lassen. Leider reagiert die Postbank im Moment sehr beamtenmäßig und unkooperativ den Künstlern gegenüber, denn solange man seinen Künstlernamen nicht im Ausweis vermerkt hat, stellt sie keine Kreditkarte mit Künstlernamen aus. Nachweise anderer Art wie der Ausweis vom Berufsverband Bildender Künstler oder andere wurden nicht akzeptiert und trotz freundlicher Bitten meinerseits am Telefon wurde eine Kreditkarte mit meinem Künstlernamen barsch abgelehnt. Daraufhin habe ich meine Kreditkarte bei der Postbank gekündigt und bin jetzt bei einem anderen Kreditkarteninstitut, das anstandslos meinen Künstlernamen akzeptierte.

Wie sieht es eigentlich rechtlich mit Künstlernamen aus? Bei bestimmten geschäftlichen und notariellen Aktivitäten darf man seinen Künstlernamen nicht ausschließlich benutzen und muss zusätzlich auch noch auf seinen »bürgerlichen« Namen zurückgreifen:

»Eintragungen im Grundbuch können unter einem Künstlernamen bei Grundstückskäufen nach § 15 Abs. 1a GBV nicht erfolgen, zulässig ist aber die Eintragung des im Personalausweis registrierten Künstlernamens neben dem Familiennamen.« (Schöner/Stöber, Grundbuchrecht, 13. Auflage, Rdn. 230)

Man könnte sich auch beim Deutschen Patent- und Markenamt seinen Künstlernamen als Marke registrieren lassen. Doch das ist im Verhältnis sehr teuer, zeitlich begrenzt und man hat auch nur einen bedingten Schutz.

Anders verhält es sich natürlich bei Heirat oder Adoption. Dann ist es ein vollwertiger Name, der auch vorn im Personalausweis oder Pass als Hauptname eingetragen wird. Also, liebe Leserinnen und Leser, ran an den Adel!

In der ersten Zeit war ich immer etwas schüchtern, wenn ich meinen Namen den erstaunten Menschen nannte und fügte immer entschuldigend hinzu: »Aber ist nur mein Künstlername.« Doch heute mache ich das nicht mehr. Oder hat man schon mal gehört, dass Jürgen von der Lippe sagte: »Das ist nur mein Künstlername – eigentlich heiße ich ja Hans-Jürgen Dohrenkamp.«

Man sollte deshalb keine Scheu haben, sich einen Künstlernamen zuzulegen und sich den Vorteil und Nutzen eines wohlklingenden, Sympathie erzeugenden und einprägsamen Namens nicht entgehen lassen. Denn damit ist man in bester Gesellschaft. Viele berühmte Künstler hatten oder haben Künstlernamen. Auch Nichtkünstler, wie Sie gleich überrascht feststellen werden. Bei manchen ist es eine Verbesserung – bei manchen allerdings auch eine Verschlechterung. Aber urteilen Sie selbst. Hier sind einige davon:

Udo Jürgens = Udo Jürgen Bockelmann
Fips Asmussen = Rainer Pries
Kurt Krömer = Alexander Bojcan
Roland Kaiser = Ronald Keiler
Georg Baselitz = Hans-Georg Kern
Freddy Quinn = Franz Eugen Helmuth
Manfred Nidl-Petz
Joy Fleming = Erna Strube
Gert Fröbe = Karl-Gerhart Fröber
Roberto Blanco = Roberto Zerquera
Bob Dylan = Robert Allen Zimmerman
Gunter Gabriel = Günther Caspelherr

Jürgen von der Lippe = Hans-Jürgen Dohrenkamp
Hella von Sinnen = Hella Kemper
Enie van de Meiklokjes = Doreen Grochowski
Werner Herzog = Werner H. Stipetic
Ben Wettervogel = Benedikt Vogel
Chris de Burgh = Christopher John Davison
Max Raabe = Matthias Otto
Dieter Thomas Heck = Carl Dieter Heckscher
Ivan Rebroff = Hans-Rolf Rippert
Veronica Ferres = Veronika Jansen
Bushido = Anis Mohamed Youssef Ferchichi
Kirk Douglas = Issur Danielovitch Demsky
Lisa de Leeuw = Lisa Trego
Lars von Trier = Lars Trier
Klaus Kinski = Nikolaus Günther Nakskzynski
Jack White = Horst Nußbaum
Peter Maffay = Peter Alexander Makkay
Roy Black = Gerhard Höllerich
Klaus Maria Brandauer = Klaus Georg Steng
Dita Von Teese = Heather Renée Sweet
Iggy Pop = James Newell Osterburg
Mel Brooks = Melvin Kaminsky
Tina Turner = Anna Mae Bullock
Roman Polanski = Roman Liebling
Rudi Carrell = Rudolf Wijbrand Kesselaar
Sido = Paul Würdig
Pamela Anderson = Barbara Rose Kopetski
Frank Zander = Fred Sonnenschein
Rosa von Praunheim = Holger Bernhard Bruno Mischwitzky
Rex Guildo = Ludwig Franz Hirtreiter
und
Papst Benedikt XVI. = Joseph Alois Ratzinger

RESÜMEE

Für mich ist das Hineinschlüpfen in die »Grafenrolle« nicht nur ein großer Spaß, sondern auch eine Kunstaktion. Ich versuche herauszufinden, wie sich etwas Konstruiertes und Inszeniertes wie eine andere Identität auf mich, den Künstler, auswirkt. Ich will im Selbstversuch herausfinden, wie es sich anfühlt, als »Graf« zu leben, und wissen, wie es ist, wenn Leute denken, man sei »was Besseres«.

Ich fand heraus, dass man sich irgendwie »adliger« bewegt (Adel verpflichtet). Es passt eben nicht zu einem Grafen, mit dem Skateboard und Hosen auf halb acht über die Straßen zu flitzen oder beim Essen zu schmatzen wie ein katalanischer Hirtenhund.

Ich benutze sozusagen meinen Künstlernamen als Werkzeug, um künstlerisch arbeiten zu können. Besser »Graf« als »Hartz IV«, sage ich mir. Plötzlich sind meine Bilder wieder sehr gefragt und große Ausstellungen im nächsten Jahr sind schon geplant.

In den Zeiten einer Wirtschaftskrise muss man eben sehen, wie man über die Runden kommt. Außerdem bekommt man in Restaurants immer die besten Tische und die Leute sind freundlich zu einem. Warum sollte man darauf verzichten?

Als ich einmal an einer Imbissbude stand und eine Currywurst bestellte, drückte die Verkäuferin mir die Wurst in die Hand. Als ich bezahlen wollte, schüttelte sie geheimnisvoll den Kopf und sagte: »Für Sie natürlich umsonst, Herr Graf.« Hinterher stellte es sich heraus, dass sie die Freundin eines Kollegen war, der ihr von mir erzählt und ihr meine Homepage gezeigt hatte. Sie hatte mich wiedererkannt.

Oder plötzlich flattert einem eine Einladung vom Botschafter der Republik Irland zu einer Ausstellung ins Haus, wo es leckere Weine und herrliche Häppchen gibt. Alles gratis versteht sich. Schon hat man das Abendessen gespart. Und schöne Bilder gab es obendrein zu sehen.

Eine Beraterin beim Arbeitsamt wollte mir einmal vor vielen Jahren eine Umschulung aufschwatzen. Als ich sagte, dass ich Künstler bleiben möchte, erwiderte sie mir, das sei doch brotlose Kunst, was ich da mache. Ich nannte als Beispiele, dass Dalí und Picasso sogar in Schlössern gelebt hätten. Von wegen brotlose Kunst. Daraufhin sagte sie schnippisch: »Dann werden Sie doch einfach Graf, wenn Sie so gerne in Schlössern leben.« Ich habe sie beim Wort genommen.

Mittlerweile hat sich das Fiktionale mit dem Faktischen vermischt und ich weiß kaum noch, wo die Wirklichkeit endet und die Erfindung beginnt. Im Jahre 2029 haben ich und mein Umfeld bestimmt vergessen, dass Graf von Blickensdorf »nur« mein Künstlername ist. Warten wir ab, welche interessanten Geschichten noch auf mich zukommen.

Auch Nichtkünstlern beziehungsweise Nichtkünstlerinnen, denen ihr Leben etwas zu langweilig und eintönig vorkommt, kann ich nur raten, diesen Schritt zu tun. Es kostet nicht viel, wie man diesem Buch entnehmen kann, und man kann ja immer noch zurück. Ich gebe zu, es gehört etwas Mut dazu. Aber die Vorteile überwiegen doch, und wenn man sich korrekt verhält und seinen Namen nicht für Betrügereien missbraucht, wird man auch nicht als Hochstapler abgestempelt.

Falls Sie liebe Leserin, lieber Leser, mal wieder frustriert und desillusioniert aus ihrem JobCenter kommen, holen Sie einfach tief Luft, ballen Ihre Fäuste und rufen Sie laut: »Potzblitz! Jetzt werde ich auch Gräfin/Graf!« Wäre das nicht lustig, wenn sich ganz Deutschland mit Adelsnamen schmücken würde? Deutschland im Adelsrausch! Der Adel ist tot – es lebe der neue Adel! Ein chinesisches Sprichwort sagt: Wende dich der Sonne zu, dann fallen alle Schatten hinter dich.

Auch wäre das gut für die Wirtschaft, zumindest die Türklingelschildindustrie würde plötzlich wieder boomen.

Ich habe mal meiner Mutter Visitenkarten mit »Lieselotte Gräfin von Blickensdorf« zum Geburtstag geschenkt und sie hat sie auch benutzt. Daraufhin sprach mich eine alte Dame an und meinte, meine Mutter sei ja so bescheiden, obwohl sie doch eine Gräfin sei. Sie habe sie mal gefragt, wie sie angesprochen werden wolle. Daraufhin habe meine Mutter geantwortet: »Frau Blickensdorf reicht mir.« Seitdem wird immer respektvoll Platz gemacht, wenn sie mit ihrem Rollator zum Speisesaal rollert und hinter ihrem Rücken flüstert man ehrerbietig: »Pssst, da isse wieder – die alte Gräfin.«

Spaß, lustige Erlebnisse, interessante Bekanntschaften und neue berufliche Perspektiven hat mir mein neuer Name gebracht – und nicht zuletzt auch zu diesem schönen Buch verholfen.

ENDE

Dank an:

Aykut Kayacik, Nina Ernst, Peter Grzan, Dr. Hans-Peter Bushoff, Oliver Lloyd Böhm, Brita, Götz Alsmann, Sugar, Armin Kaiser, Christlieb Klages, Claudia und Sabine, Kögl, Theo, Lee, Daniela Egersdorfer, Frau Ast, ML, Nexusfilm, Chrille, Karl Schindler, Chester, Aron und an das Miele-Fahrrad